人事評価制度17の大間違い

中小ベンチャー企業を壊す！

白潟総合研究所株式会社
代表取締役社長
白潟敏朗
TOSHIRO SHIRAGATA

すばる舎

プロローグ

本書を手にとって頂きありがとうございます。私は中小・ベンチャー企業向けに経営コンサルティングやセミナー・研修をしている白潟総合研究所株式会社の社長、白潟敏朗《しらがたとしろう》と申します。お陰様で、本書が46冊目の著書となります。

25歳でデロイトトーマツグループに入社、「中小ベンチャー企業の社長を元気にするために存在する」ことを使命とし、社長の応援団を始めました。気がつけば今年で34年目になり、これまでに1万2600人の社長とご縁を持たせて頂きました。

大変有難いことに「白潟さん、うちもそろそろ人事評価制度をつくりたいんだけど！　お願いできるかな」、「うちの人事評価シートを、社員が納得できるよう精緻につくり変えたいんだけど、白潟さんに頼める？」といったご依頼を社長からよく頂戴します。

しかし、私はこのようなご依頼は基本的に受けておりません。なぜならば、うまくいかないからです。より正確に申し上げると、社長の期待どおりには仕上がらないからです。

詳細は本編で紹介しますが、人事評価制度に対して過度な期待を抱いていらっしゃったり、誤解をされたりしている社長・人事部長は多くいらっしゃいます。そのような社長・人事部長の方々に、人事評価制度に対する適切な認識を持って頂きたいという強い思いで本書を執筆しました。

実は、恥ずかしながら私自身も、30代前半の頃までは人事評価コンサルティングで失敗をしていました。お客様と意見交換しながらコンサルティングをさせて頂き、客観的で精緻な人事評価シートを作成し、納品していたのです。

ところがコンサルティング終了後、しばらくしてお客様を訪問し、お話を伺うと、私が作成サポートさせて頂いた人事評価シートが現場に導入・運用されていないのです！

社長からは「白潟さん、すみません。作成頂いた人事評価シート、現場で運用できていません」と言われ、**精緻な人事評価シートは、実際には現場で運用できない**ことがわかり、自分の未熟さを嘆くばかりでした。

当時のお客様には、本当に申し訳ない気持ちでいっぱいです。しかしこのような失敗経験から私は深く反省し、ひとつの大きな学びを得ました。

人事評価制度づくりの本質は、「人事評価シートの作成」にはないのです。

社長の人事評価に対する悩みを解決できるのは、「人事評価シート」ではなく、あくまで「評価者である幹部・管理職」や「人事評価面談」である、という学びです。

この本では、人事評価制度がうまくいかない原因や成功のポイント、正しい人事評価制度のつくり方だけではなく、人事評価制度へのよくある17個の誤解も紹介し、その誤解を解消していきます。

「えっ！　これが誤解なの？」と気になるテーマからお読み頂いてもかまいません。ぜひ本書をご活用頂き、本当の意味で役に立つ人事評価制度の構築や改良へとつなげて頂ければ幸いです。

白潟総合研究所株式会社は「中小ベンチャー企業の社長を元気にするために存在する」とい

う存在意義をかかげ、社長が社長らしく、想いどおりに、思いっきり経営できるように支援しています。1人でも多くの社長から人事評価制度に関する悩みが消え、事業の拡大や組織づくりに邁進されることを、心の底から願っております。

2023年4月
白潟総合研究所株式会社　代表取締役社長　白潟敏朗

目次　CONTENTS

第3章

人事評価制度で成功するコツ

第1章

人事評価制度がうまくいかないワケ

1 うまくいかない5つの原因

私はこれまでの34年間、さまざまな中小ベンチャー企業の人事評価制度を見てきましたが、率直なところ、うまくいっている会社は多くありません。より正確に言うと、社長と社員の期待どおりには人事評価制度が仕上がっていません。

その主な原因は、**社長と社員の（給与・賞与を含む）人事評価への期待値が高すぎる**ことと、**社長の人事評価制度への認識がずれている**ことの2つだと私は考えます。

人事評価は不遜な行為

少し視点を変えてみましょう。そもそも、人が人を評価していいのでしょうか？

みなさんはどう考えますか？　いろいろな考え方があると思いますが、ここで松井証券の元社長・松井道夫氏の考え方を紹介します。書籍『好き嫌いで人事』（日本実業出版社）から文章の一部を引用したものです。

『ところで私は、「人間が人間を評価するという行為は神をも恐れぬ行為である」とすら考えている。「そんなことできるわけないし、やるべきでもない」との諦観すらもつ。だが組織の中で「上司」である以上、人事評価という「神への冒瀆行為」は不可避である。』

人が人を評価してはいけない、「神への冒瀆行為」であるという松井氏の考え方に、私は深く共感します。**本来、人間が運用してはいけない制度が人事評価制度**なのです。だから、そもそもうまくいくわけがないのです。

いろいろやっても、すぐに矛盾が現れる

一方で、人事評価制度を構築するのは簡単なのでしょうか？

京セラの故・稲盛和夫名誉会長は、著書『経営のこころ』（ＰＨＰ研究所）の中でこう述べて

います。

『人を評価するということぐらい難しいことはないのです。たとえ二十人、三十人の従業員でも、評価して、役職や給料を上げたり下げたり――下げるというのはめったにないかもしれませんが――するのは難しいことです。非常に難しく、やりにくいから、何かルールをつくって客観的な評価をする方法はないかと考える。そうすればトップである自分が悩まなくても、若い役員でも、また部課長でも決められます。そういう公平で、えこ贔屓のない評価ができるルールはつくれないものかと、いろいろなことをやるわけです。

しかしこれはやっても、すぐに矛盾が出てきてしまいます。だいたいそういうルールは何年も使えません。もし「ルールをつくってうまくいっています」という企業があれば、うまくいっているのではなく、うまくいっているように思っているだけです。』

人を評価するということぐらい難しいことはないという故・稲盛名誉会長の考え方にも、私は強く共感します。

人事評価制度はそもそも難しい制度なのです。人事評価に便利なルールはありません。だから、うまくいきにくいのです。

5つの失敗要因を把握する

偉大な2人の経営者の考え方を踏まえ、私なりに人事評価制度がうまくいかない原因をまとめてみました。次に示す5つの原因があると考えます。

①　本来、人が人を評価すべきではないから（神への冒涜）
②　そもそも、人の評価は難しいから（便利なルールはない）
③　社長の期待が高すぎる／認識がずれているから
④　社員の昇給への期待に応えきれないから
⑤　企業理念／ミッション、ビジョン、行動指針／バリュー（以下、MVVと呼びます）に賛同していない社員が存在するから

1-1　人事評価制度がうまくいかない5つの理由

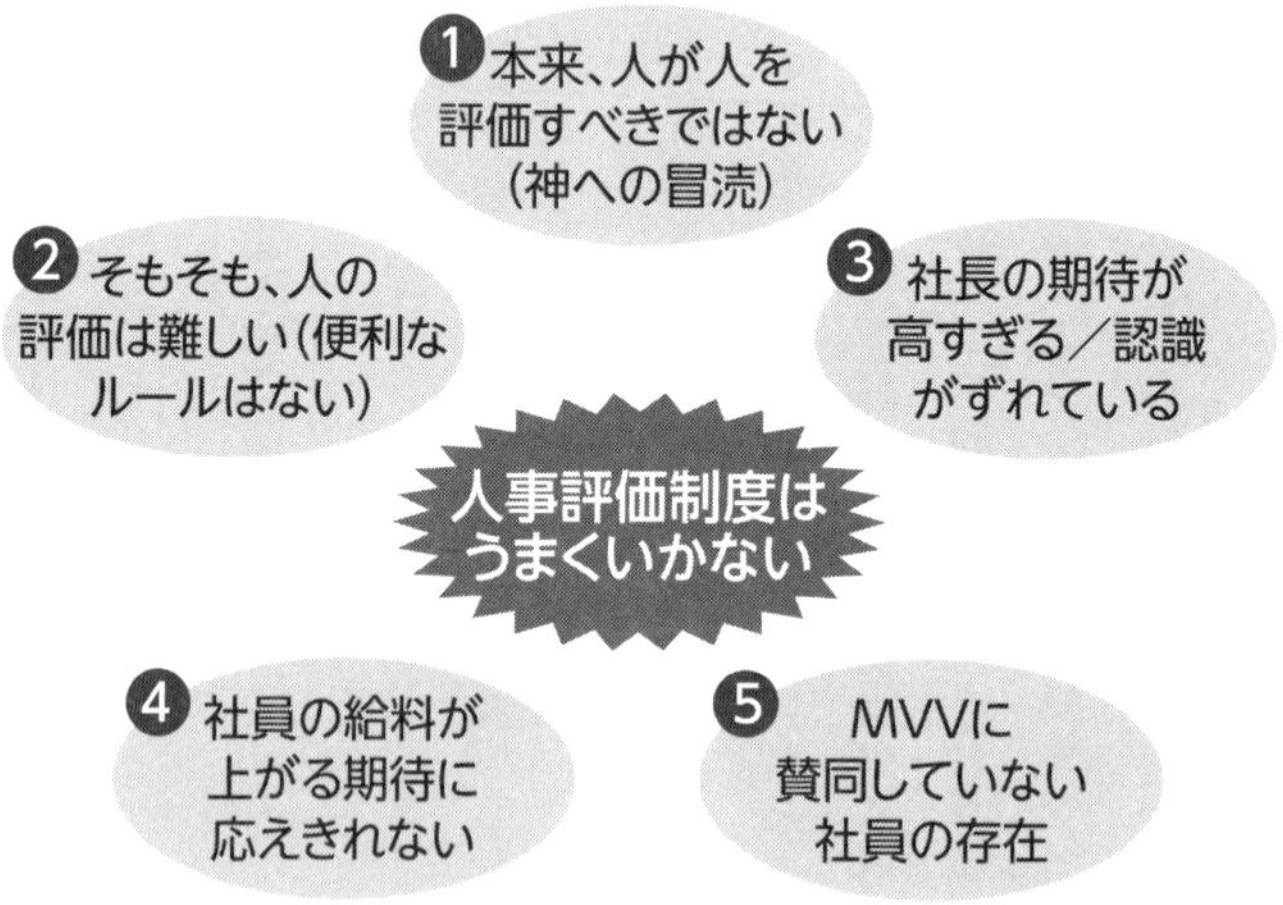
❶本来、人が人を
評価すべきではない
（神への冒涜）
❷そもそも、人の
評価は難しい（便利な
ルールはない）
❸社長の期待が
高すぎる／認識
がずれている
人事評価制度は
うまくいかない
❹社員の給料が
上がる期待に
応えきれない
❺MVVに
賛同していない
社員の存在

このうち①と②の原因については、先ほど偉大な経営者の考え方を紹介しましたので、③の原因から説明していきましょう。

2

社長の期待が高すぎる／認識がずれているから

社長は人事評価制度を万能薬だと思い、多くの期待を抱きがちです。そのような社長が抱く、よくある4つの期待を次に示します。

① 人事評価制度を構築したり改良したりすると、社員のモチベーションが上がる
② 人事評価制度によって社員のモチベーションが上がり、業績がよくなる
③ 何をすれば評価されるかを明確にすれば、社員は頑張る
④ きめ細かな人事評価シートをつくれば、社員は納得する

モチベーションは上がるのか？

1つ目の期待「人事評価制度を構築したり改良したりすると、社員のモチベーションが上がる」から解説しましょう。

結論から言いますと、**人事評価制度の構築や改良では、社員のモチベーションは上がりませんし、やる気にもなりません**。

たとえばハーズバーグの動機づけ・衛生理論では、人事評価制度は「仕事に対してのやる気をなくす衛生要因」であり、「仕事へのやる気を増大させる動機づけ要因」ではありません。

つまり社員は、人事評価の結果に納得しないと腹が立ち、やる気をなくしますが、たとえ結果がよいものであったところで、モチベーションの向上にはつながらないのです（詳細➡第2章③）。

人事評価制度は、社員のモチベーションを下げないための道具です。社員が納得できない人事評価制度であれば、社員のモチベーションは下がり続けます。

1-2　社長の期待どおりにならない

1 人事評価制度を
構築／改良すると
社員のモチベーションが
上がる！
2 人事評価制度で
社員のモチベーションが
上がると業績が
よくなる
3 何をすれば
評価されるかを
明確にすれば
社員は頑張る
4 きめ細かく
人事評価シートを
つくれば
社員は納得する

そこで社員が納得しやすい人事評価制度を構築したり、既存の制度を改良したりすることで、社員の下がったモチベーションをそれ以上は下がらないようにすることは可能です。それにより、大きく下がった分くらいは復活させることもできるでしょう。

ただ、効果はそこまでです。社長、過剰な期待をせずに、堅実に人事評価制度の構築や改良をしていきましょう。

業績アップには人事評価制度は関係ない

2つ目の期待「人事評価制度によって社員のモチベーションが上がり、業績がよくなる」についても、先ほどの説明である程度イメージが湧いたのではないでしょうか。

人事評価制度の構築や改良では、社員のモチベーションは上がりませんので、それによって社員がさらに頑張り、業績がよくなることなどありえません。

そもそも、**人事評価制度は業績の向上には無力**です。売上アップには、事業開発、商品開発、マーケティング、営業、ブランディング、M&Aといった施策が有効です。

一方で業務改革、経費削減、人件費削減、アウトソース、流行りのRPA（ロボティック・プロセス・オートメーション）、DX（デジタル・トランスフォーメーション）といった施策でコストダウンし、利益を向上させます（詳細➡第2章②）。

売上や利益には人事評価制度はほとんど関係しませんから、会社の業績アップに人事評価制度で大きなインパクトを与えるのはどだい無理な話なのです。

よくある社員の声に応えても……

3つ目の期待「何をすれば評価されるかを明確にすれば、社員は頑張る」については、左の図1―3をご覧ください。

1-3　人事評価項目・基準の明確化は諸刃の剣

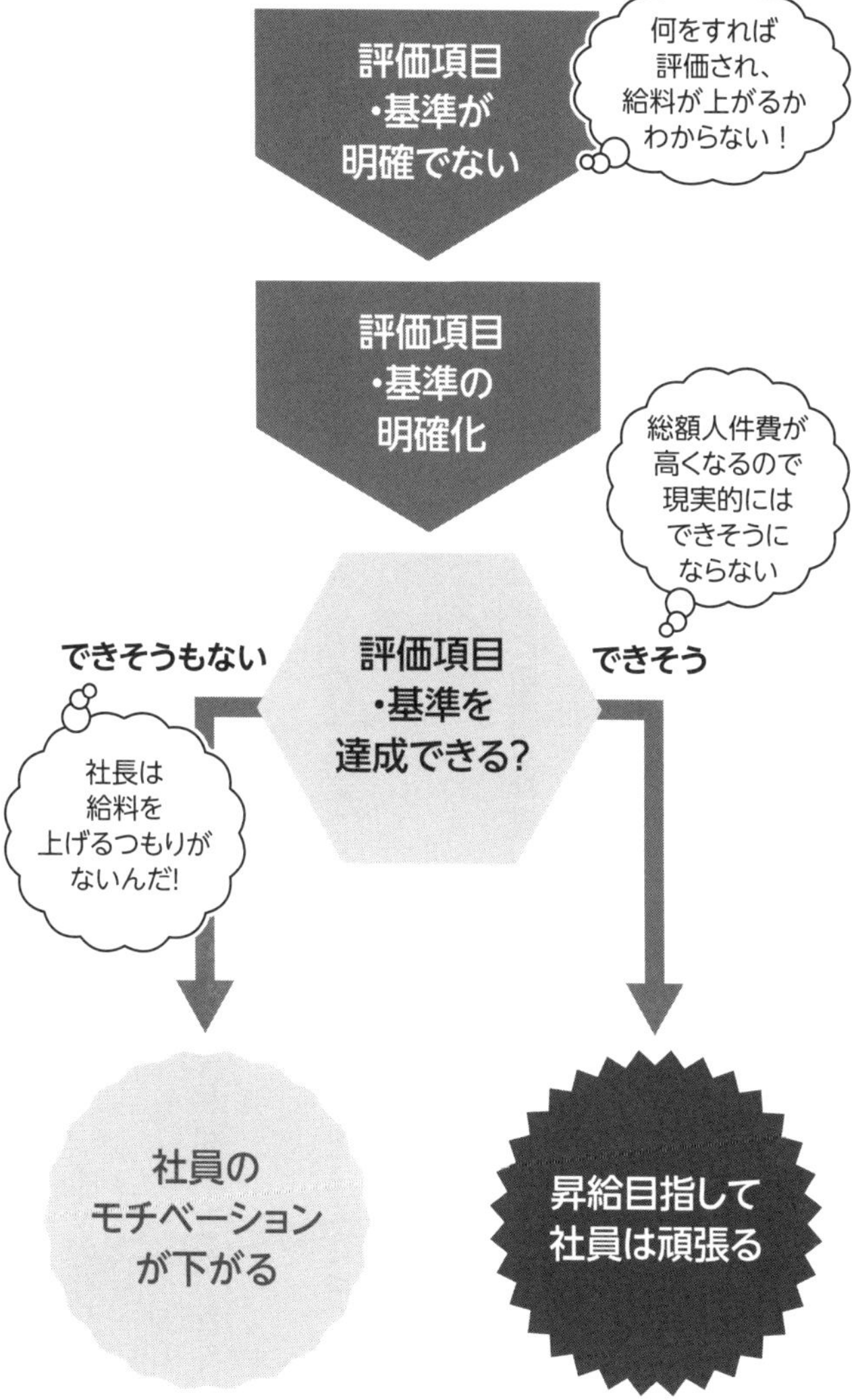

「社長、うちの会社は何をすれば評価され、給料が上がるんですか？」、「何をすれば給料が上がるかわからないので頑張れません」といった社員からの問いかけによって、多くの社長は誤解します。

「そうか、何をすれば評価され、給料が上がるかを明確にしたら、みんな頑張ってくれるのか！」と。

社長はそう考えて人事評価制度の構築や改良をするのですが、その結果はどうなるでしょうか？

評価基準が緩い場合は、社長の期待どおりに頑張る社員が何割か出るかもしれません。ただし、難易度が低い評価基準で昇給や昇進を行う人事評価制度は、総額人件費の増大リスクが高いため現実的ではありません。

一般的には、評価項目・基準を明確にする場合、総額人件費が高くならないように、簡単には昇給や昇進ができない基準となります。そうなった場合には、「社長は結局、誰も昇進させるつもりがないんだ」、「新しい人事評価制度では、昇給する社員は少なそうだ」といった不平・

不満が社員から上がり、社長が期待したほどには頑張る社員は出てきません。社員のモチベーションが評価項目や基準を明確にする前よりも下がってしまうことさえ少なくありません。結果、評価項目・基準を明確にしなければよかったと、社長が後悔することが多いのです。

かえってデメリットが多くなる

4つ目の期待「きめ細かな人事評価シートをつくれば、社員は納得する」についても解説しておきます。

人事評価シートを作成・運用している会社では、評価者である管理職から社長に、「社長、うちの人事評価シートですが、粗い感じがします。もう少しきめ細かくしたほうがいいのではないでしょうか？」といった意見が出てくることがあります。

社員からも「社長、うちの人事評価シートには仕事に必要な能力が全部入っているんでしょうか？」といった質問が上がってきます。

このような意見や質問に接することで、「当社の人事評価シートは、評価に必要な能力をすべて網羅しているのだろうか？　細かさは十分なのだろうか？」といった疑念が社長の心に湧いてきます。そして、社長の微妙な違和感が課題として認識されたときに、社長は人事評価シートを改良したくなるのです。

社員の評価に必要な能力を網羅し、よりきめ細かく評価できる人事評価シートへと自社で改良するか、外部のコンサルタントに依頼します。依頼を受けた外部コンサルタントは、喜んで社長の要望を叶え、改良した人事評価シートを納品するでしょう。

社長は、「よし！　これで管理職と社員の要望に応えられるぞ！」と意気込み、新しい人事評価シートを全社に導入します。

導入した結果、次のようなデメリットが発生するでしょう。

評価者である管理職は評価項目が増えて、観察しなければならない部下の言動が多岐にわたるようになるため、**評価に要する時間や作業が増えます**。人事評価シートをつけること自体がゴールになってしまいます。

加えて、「自分対比誤差（自分と異なるタイプの部下を過大［甘く］または過少［辛く］に評

1-4　詳細・きめ細かくつくることで発生する人事評価シートのデメリット

1	運用しきれない 評価を終えることが上司のゴールになってしまう
2	評価誤差が発生しやすくなってしまう 最低限の公平感が失われる
3	社員が納得できない箇所が増える 社員から指摘を受ける（いちゃもんをつけられる）
4	会社の成長スピード・変化に 人事評価シートの変更が追いつかない

価してしまうこと）」や、「中心化傾向（中間値に集中する傾向のこと：無難な評価で済ませたい場合に起こりやすい）」といった**評価誤差がより多く発生するようになり、人事評価において最低限必要な公平感さえ失われる危険性が高まります。**

社員のほうでも、評価項目が増えてきめ細かくなったことで、人事評価シートの記述に納得できない箇所が増え、社長への指摘や意見、引いては反発が改善前よりも多くなります。

さらに言えば、会社が成長することで新しい事業や業務に適合しない人事評価シートと化す可能性が高くなります。**外部環境や内部環境の**

変化に対応しづらくなるのです。

管理職と社員のためによかれと思ってつくり直した人事評価シートが、かえって管理職と社員の不満を増大させてしまいます。

「きめ細かな人事評価シートをつくれば、社員は納得する」だろうという社長の期待どおりの人事評価制度には、残念ながらなりにくいのです。

3 社員の昇給への期待に応えきれないから

社長や人事部長からの「人事評価の納得感を高めるために人事評価制度を変えます！」、「頑張った人が報いられるような人事評価制度に変えます！」というメッセージは、社員にどう受け止められるでしょうか？

「2・6・2の法則」で説明します。

全員の給与を上げたらお金が足りなくなってしまう

「2・6・2の法則」とは、どのような組織や集団においても、人材の構成比率は優秀な働きを見せる人が2

割、普通の働きをする人が6割、貢献度の低い人が2割になるという理論です。

図1—6をご覧ください。まず、優秀な2割の社員は、人事評価制度がどうなろうと、自分の評価は変わらず高いままだろうと考えます。

真ん中6割の社員は、「人事評価制度が改良されれば、自分の給料はもっと上がるな」、「評価項目・基準が変われば、自分の評価は高くなるだろう」といった期待を持ちます。

そして下位2割の社員は、優秀な2割の社員と同様で、人事評価制度がどうなろうと、自分の評価は低いままだろうと考えます。

それぞれの層の社員はこのように考えるのですが、ここで、**どのように人事評価制度を構築や改良したとしても、真ん中の6割の社員すべての期待に応え、給料を上げられる可能性が極めて低いことは明白**です。そのようなことをすれば、総額人件費が急上昇し、会社の事業そのものが成り立たなくなるからです。

そのため、新しい人事評価制度が導入されたあと、真ん中の6割の社員は「期待したほど評価は高くならなかったな」、「給料が上がると思ったが、昇給額が前と同じだった」などと落胆します。真ん中6割の大半の社員は、モチベーションを下げてしまう結果に終わります。

1-6　普通の社員の『給料と評価が上がる期待』に応えられない

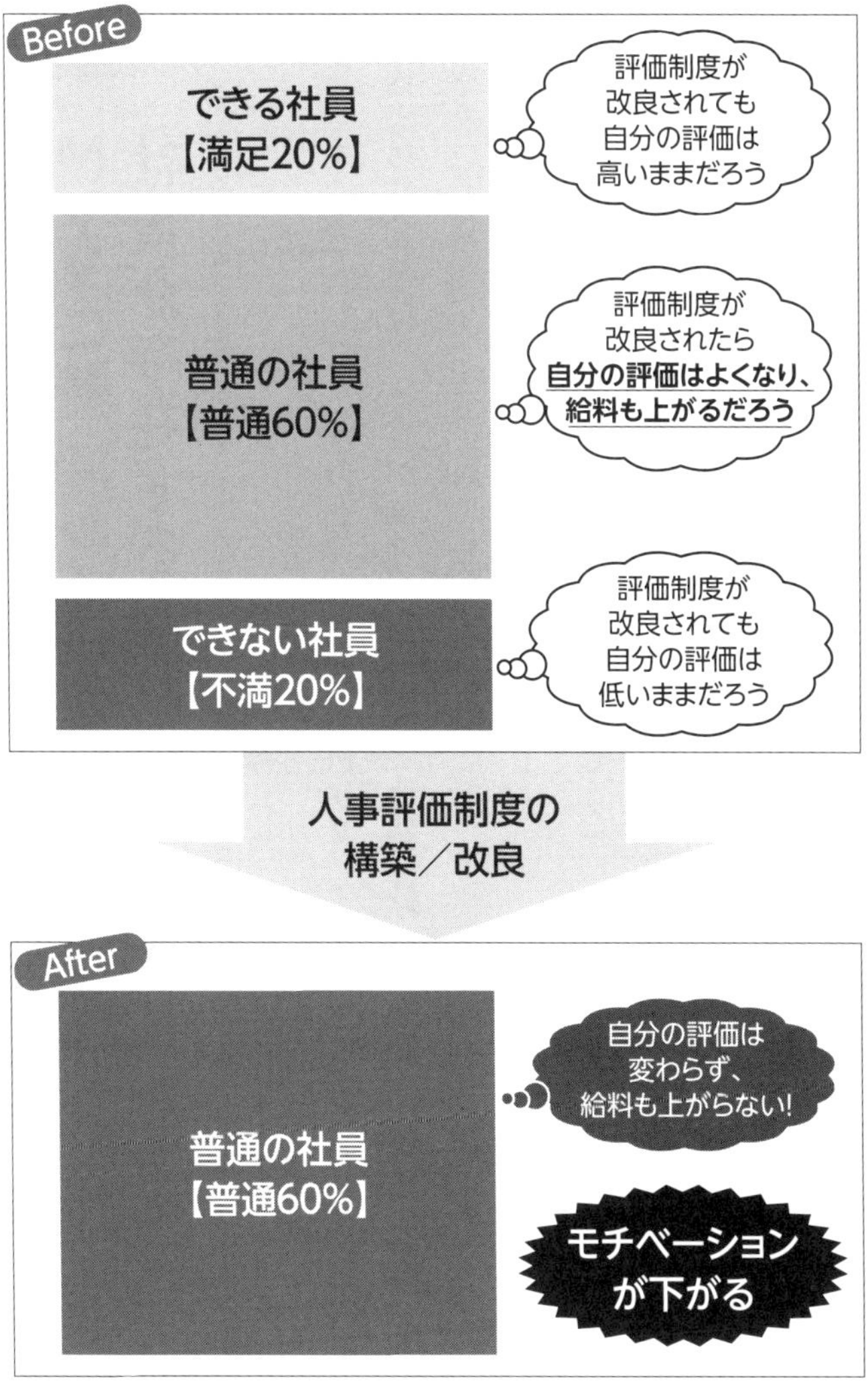

4 MVVに賛同していない社員が存在するから

左の図1―7をご覧ください。図の右側と左側は、**MVV**、すなわち**社長の譲れない想いと考え方**、**具体的には企業理念／ミッション、ビジョン、行動指針／バリュー**に賛同している社員と、そうでない社員に社内が分かれていることを示しています。

人事評価はMVVに賛同している社員に向けてつくる

右側の**MVVに賛同している社員は、モチベーションが高い集団**です。自分の存在意義と会社の存在意義が同じで、目指す方向まで一緒、さらに行動の指針に対する考え方も同じ社員です。このような社員は、自分で自分をモチベートできますので、常にモチベーションは高い状態にあるのが自然です。

1-7　社員と人事評価制度の有効性

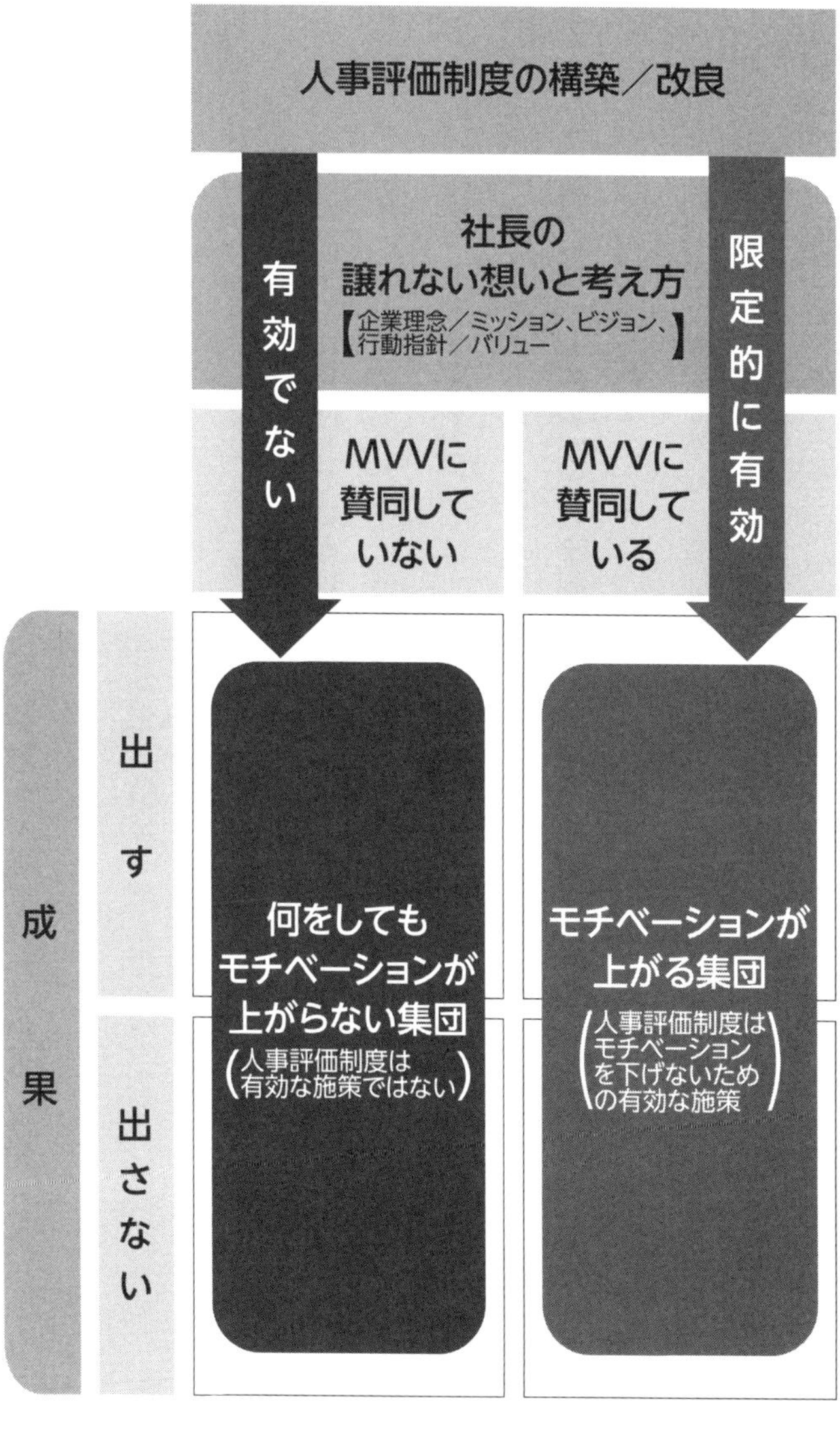
人事評価制度の構築／改良
社長の
譲れない想いと考え方
【企業理念／ミッション、ビジョン、行動指針／バリュー】
有効でない
限定的に有効
MVVに賛同していない
MVVに賛同している
成果
出す
出さない
何をしても
モチベーションが
上がらない集団
（人事評価制度は有効な施策ではない）
モチベーションが
上がる集団
（人事評価制度はモチベーションを下げないための有効な施策）

極論すれば、**人事評価制度の役割は、このようにMVVに賛同している社員のモチベーションを下げないことだけである、**と言ってしまってもいいでしょう。この欄に当てはまる社員が、高い納得感を得られる人事評価制度にすることを常に留意してください。

長期的にはお別れしたい人たちもいる

一方で、左側の**MVVに賛同していない社員は、常にモチベーションが低い集団**です。MVVに賛同していないので、会社の存在意義には興味がないし、会社の目指す方向とは別の方向に成長したがります。行動指針は守らず、MVVに賛同している周りの社員のモチベーションを下げて悪影響も与えます。

このような社員には、どのような人事評価制度を構築しようと響きません。いまある人事評価制度に文句を言うだけです。

私のこれまでの経験では、MVVに賛同していない社員は、どちらとも言えない層まで含めれば全体の2割から6割はいます。**そもそも人事評価制度は2割から6割の社員には有効な制度ではない、**ということです。

MVVに賛同していない社員とは、社長や上司が何度もじっくり話し合い、それでもMVVに賛同してくれないようであれば、自社からの卒業を検討するよう促したほうがいいでしょう。

なお、MVVをまだ言語化していない社長は、この点についてどう考えればいいのでしょうか？

その場合は、言語化していなくても、社長が日頃から社員に語りかけているようなメッセージや会食時に熱く話している言葉などが、MVVに該当すると考えてください。

失敗要因を知ることで、失敗を防ぐことが可能になる

ここまで、人事評価制度がうまくいかない5つの原因を紹介してきました。

① 本来、人が人を評価すべきではないから（神への冒涜）
② そもそも、人の評価は難しいから（便利なルールはない）
③ 社長の期待が高すぎる／認識がずれているから

④ 社員の昇給への期待に応えきれないから

⑤ MVVに賛同していない社員が存在するから

人事評価制度がなかなかうまくいかない理由について、その一端だけでもご理解いただけたでしょうか？

第2章では、人事評価制度についてのよくある誤解・勘違いを17個紹介し、それぞれの誤解・勘違いに対してより適切な認識を持てるように解説していきます。

第2章

間違いだらけの人事評価

勘違い 1

人事評価制度で人を育てられる

人事評価制度で社員が育つと思ったら大間違い！

これは人事評価制度に関する誤解の中でも、もっとも大きな勘違いのひとつでしょう。たとえば人事関連の書籍でも、『小さな会社は人事評価制度で人を育てなさい』（中経出版）というベストセラーがありますが、私にはタイトルで中小企業やベンチャー企業の社長をミスリードしているように感じられます。

人事評価制度が人材育成にまったく寄与していないとは思いません。しかし、ここまでに述べてきたように、**人は「人事評価制度」では育ちません**。そうではなく、**「仕事」または「修羅場」で育つというのが本質**です。

2-1　人材育成の本質

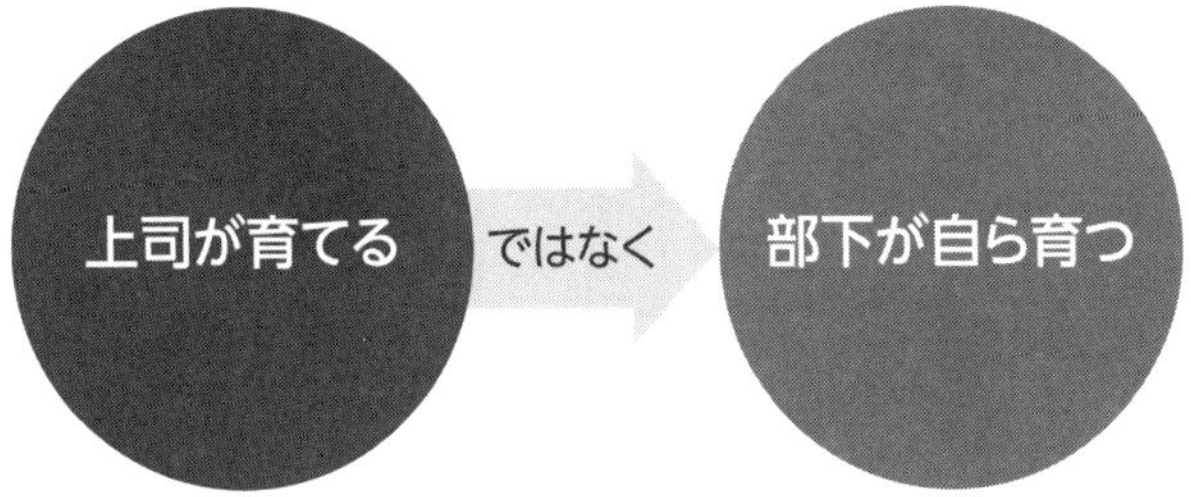

人を育てたいのであれば、社長や上司が部下にどのような仕事や〝場〟を与えられるか、どんな修羅場を与え続けられるのか、それが肝だと私は考えます。

人材育成の本質は「育てる」でなく「育つ」

人材育成においては、会社・上司が「育てる」のではなく、部下が自分で「育つ」ことが大前提です。そのために、**会社・上司は社員が「育つ」環境をつくります**。

会社の組織・制度・仕組み・職場環境といったものは、すべて会社が整備する「(社員が)育つ」ためのお膳立てです。加えて上司のマネジメントも、上司が整備する社員が「育つ」ための環境です。具体的には「上司による部下育成」、その中でも部下に任せる仕事や〝場〟、修羅場が肝となります。

上司が部下に、成長できる仕事と〝場〟、修羅場を与え続けれ

2-2　上司は何をするのか？

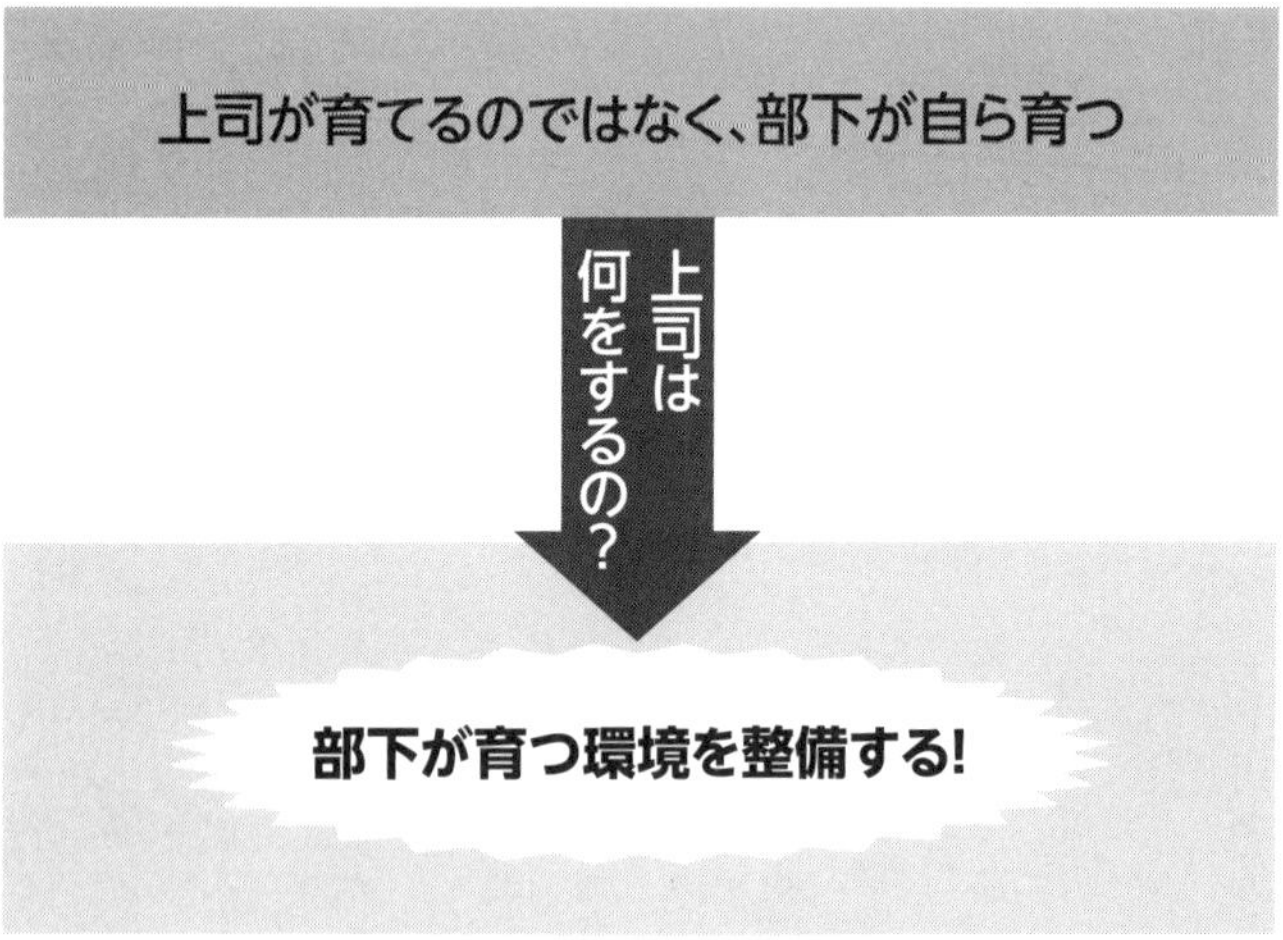
上司が育てるのではなく、部下が自ら育つ
上司は何をするの？
部下が育つ環境を整備する！

ば、部下は勝手に育ちます。

もちろん部下の力量を把握し、少しずつチャレンジングな仕事を与える（上司としての）実力や、任せた仕事のフォローやサポートを抜かりなく行う力が上司には必要です。

ところが、「育つ」仕事と〝場〟、修羅場を与えられ、社員が首尾よく成長したときに、会社・上司から適切に評価されなければ社員のモチベーションは下がってしまいます。そうした**社員のモチベーション低下を防ぐ際に必要となるのが、人事評価制度**なのです。

社員が「育つ」ための環境のひとつとして、人事評価制度を用意しなければならないわけではありませんから、その点は誤解しないようにしてください。

人材育成の王道

弊社が多くのお客様に提案し、成果を出している「人材育成の王道」を紹介します。

ステップ1：3つの前提条件のクリア
ステップ2：成長のゴール設定
ステップ3：体系的な人材育成

中小・ベンチャー企業の社長や人事部長の多くは、社員の人材育成を考えるとき、「体系的に人材育成をしなければならない」と考えます。その考え方は必ずしも外れていないのですが、実際に体系的な人材育成制度を構築・運用し、社長の期待どおりに社員が育っている、という会社はかなり少ないのではないでしょうか？

何がいけないのか？　それは、社員・上司・組織の3者のいずれか、あるいはすべてが前提

2-3　人材育成の王道

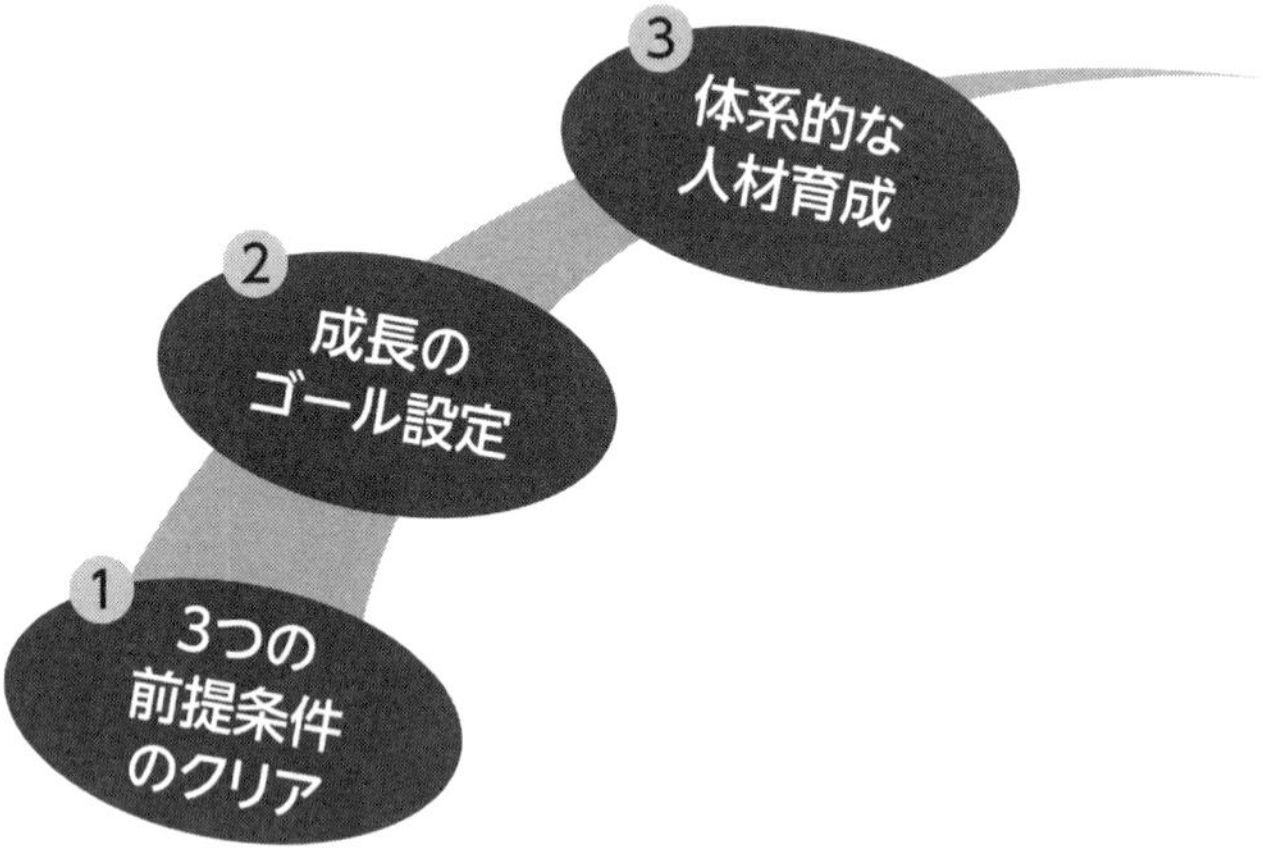

条件をクリアしていないからです。前提条件が満たされていないから、体系的な人材育成が機能しないのです。

さらに言えば、社員にとっての成長のゴールが設定されていない場合、社員はどのように成長していけばいいのかわからないので、社長と上司の期待どおりには育ちようがありません。

ひとつずつ、具体的に解説していきましょう。

ステップ1：3つの前提条件のクリア

社長・上司の期待どおりに社員が育つためには、「3つの前提条件」をクリアする必要があります。図2―4をご覧下さい。

2-4　人材育成がうまくいく3つの前提条件

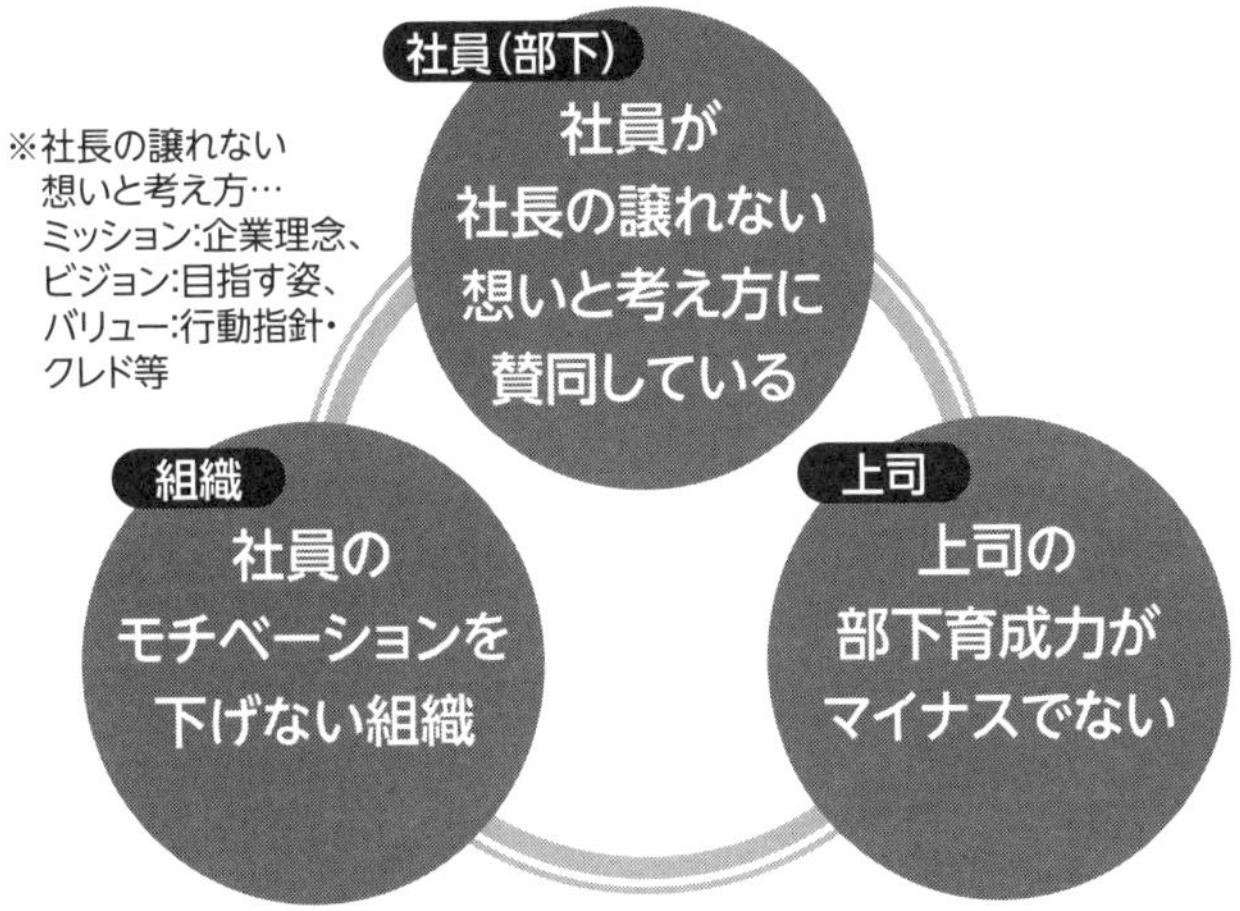
社員(部下)
社員が
社長の譲れない
想いと考え方に
賛同している
※社長の譲れない
想いと考え方…
ミッション:企業理念、
ビジョン:目指す姿、
バリュー:行動指針・
クレド等
組織
社員の
モチベーションを
下げない組織
上司
上司の
部下育成力が
マイナスでない

1つ目の前提条件は、「**社員がMVVに賛同している**」ことです。

次ページ図2―5のマトリクスをご覧ください。右側と左側はMVVに賛同している社員とそうでない社員に分かれていることを示しています。上側と下側は、成果を出している社員とそうでない社員です。

まず、このマトリクスのうち左上の枠、MVVに賛同していない社員は、能力的には優秀な社員ですが、社長・上司が目指す方向ではない別の方向に育っていきます。この左上の社員にお金と時間を投資することは、お金をどぶに捨て、無駄な時間を浪費することになるのですぐにやめましょう。

2-5 【社員】育つ社員の条件

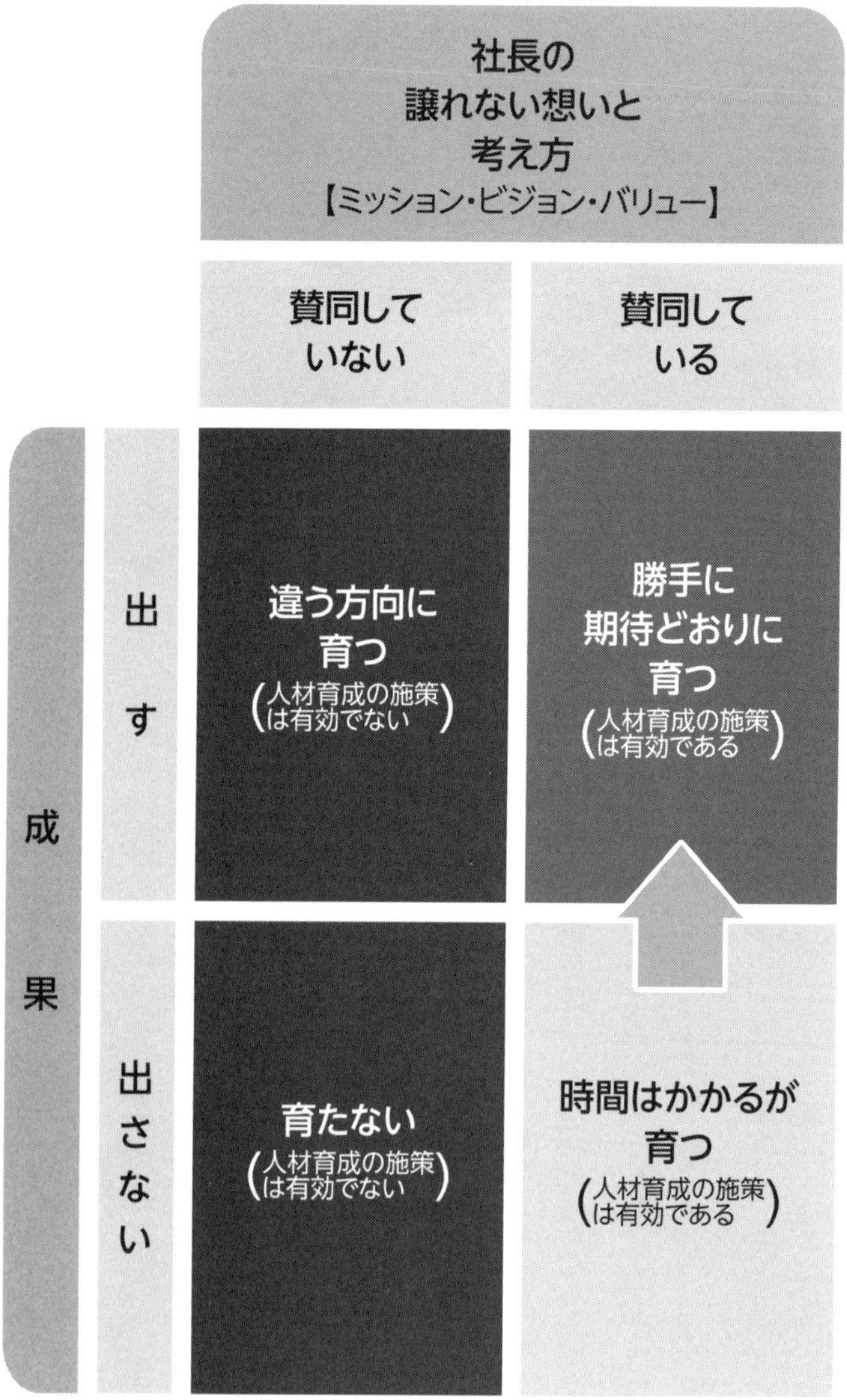

左下の枠に当てはまる社員はなおさらです。

人材育成に失敗している会社は、左側の社員と右側の社員を一律に育成しています。たとえば、集合研修をすれば左下の社員は研修中に居眠りをしますし、左上の社員は「こんな研修を受ける必要、あるのか？」などと文句を言います。その悪影響で、やる気を持って研修に参加している右側の社員の一部までやる気をなくし、集中して研修を受講できません。その結果、集合研修の効果は低くなります。

人材育成に成功するための第一歩は、**ＭＶＶ、すなわち社長の譲れない想いや考え方に賛同している社員だけを育成対象にする**ことです。この第一歩が極めて重要です。

2つ目の前提条件は、社員を育成する上司に関するものです。

先ほどの**ＭＶＶに賛同している社員を育成する上司が、一定の前提条件をクリアしていなければ、やはり社長の期待どおりには社員は育ちません**。

図2―6をご覧ください。部下育成をしてはいけない上司は、図中の「上司の前提条件をクリアしていない上司」と、「部下育成できる上司のハードルを越えていない上司」です。

2-6　【上司】部下育成をしてはいけない上司とは

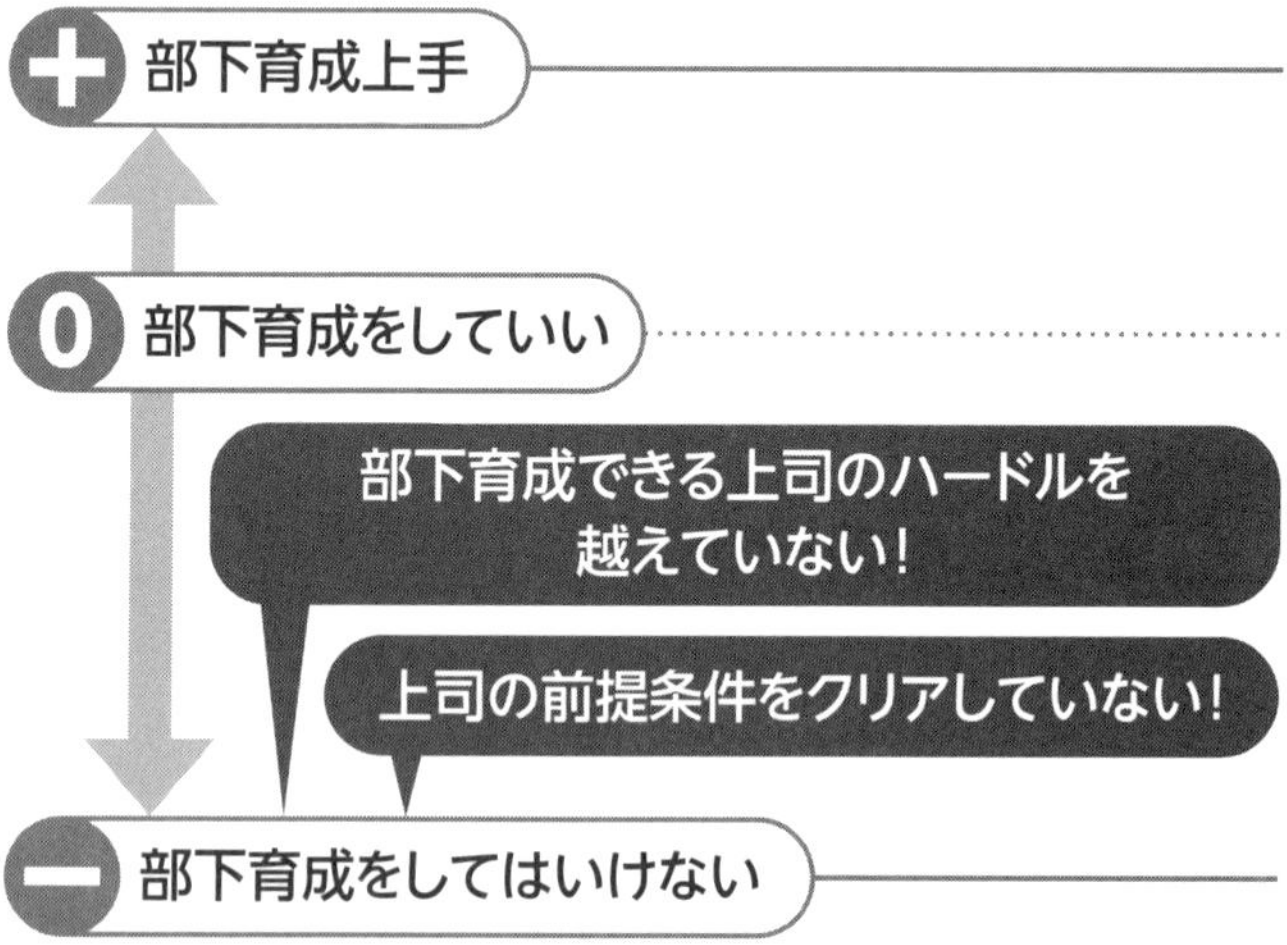

また、みなさんの会社では、図2―7のような「上司の前提条件」を作成していますか？　おそらく、作成していない会社が多いのではないでしょうか。簡単につくれますので、これを機会に作成するようにしてください（詳細な作成方法➡第2章④）。

社長が1人で、または社長と幹部数人で、自社の上司になるべき人の前提条件を考え、議論して決めるだけです。前提条件の数は3個から10個くらいが適切です。代表的な例は、次のような4つになります。

①　社長の譲れない想いと考え方に賛同している

2-7 【上司】上司の前提条件例

上司の前提条件

例

① 考え方
社長の譲れない想いと考え方に賛同している

② 熱意
上司として最高の熱意がある

③ 能力
部下の信頼を失う言動をしていない

④ 能力
個人目標を達成した実績がある

② 上司として最高の熱意がある
③ 部下の信頼を失う言動をしていない
④ 個人目標を達成した実績がある

この4つをクリアしている人を候補者リストに挙げ、そのリストの中から経営会議等で実際に上司になる人を決めます。

「部下育成できる上司のハードル」についても作成していない会社が多いでしょうが、「上司の前提条件」同様に作成するか、図2―8を活用してください。

図中に部下育成をする上司に必要な考え方・熱意・能力の参考例を8つ示しています。図2

2-8 【上司】部下育成できる上司のハードル

1	上司自身、強く成長を願い続けているか?	□
2	上司自身、成長のための努力を続けているか?	□
3	上司自身、成長し続けているか?	□
4	部下が十分な力を発揮していなくても、部下の力を信じているか?	□
5	部下の成長のために自分の時間を使うことに抵抗はないか?	□
6	部下に成長してほしいと心から思っているか?	□
7	愛情を持って部下に接し、部下の成長を見守っているか?	□
8	部下がなかなか思うように育たなくても、じっと待っているか?	□

―7の前提条件をクリアした上司が、さらにこの8つのハードルをクリアしていれば、部下育成がうまくできる上司であると言えます。

3つ目の前提条件は、組織に関するものです。

先ほどのMVVに賛同している社員を、前提条件をクリアして部下育成のハードルも越えている上司が育成すれば、人材育成は総じてうまくいきます。

しかし、**組織が社員や上司のモチベーションを下げる状態になっていたら、せっかくの人材育成の効果が半減してしまいます。**

図2―9をご覧ください。この図では社員のモチベーションを下げてしまう19個の要素を紹介しています。この19個の要素をクリアしていない組織は、社員や上司のモチベーションを下げてしまう可能性があるので、人材育成の取り組みがうまくいきません。

もちろん、人事評価も要素として入っています。管理職・社員が抱く人事評価結果への納得感が低ければ、当然ながらモチベーションは下がります。その結果、人材育成の仕組みがうまく働かなくなってしまうわけです。

2-9 【組織】社員のモチベーションを下げないための19個の要素

部下への興味関心がある
上司も個人で成果を出す
あいまいな指示を出さない
部下の話をさえぎらない
部下を否定しない
厳しすぎないマネジメント
経営陣からの情報を伝え理解させる
暗くない職場づくり
腹八分の待遇
ブラックではない働き方
腹八分の職場環境
納得感ある人事評価
説明責任を果たす人事異動
会社の将来への安心感
社員を信頼した情報開示
社長が幹部・社員から信頼を失わない、公平
上司が部下から信頼を失わない、公平
先輩・同僚・後輩が周りから信頼を失わない
社員が企業理念／ミッション、ビジョン、行動指針／バリューに賛同している
XX 上司
XX 会社（社長）と上司
XX 会社（社長）

2-10　3つの成長のゴール

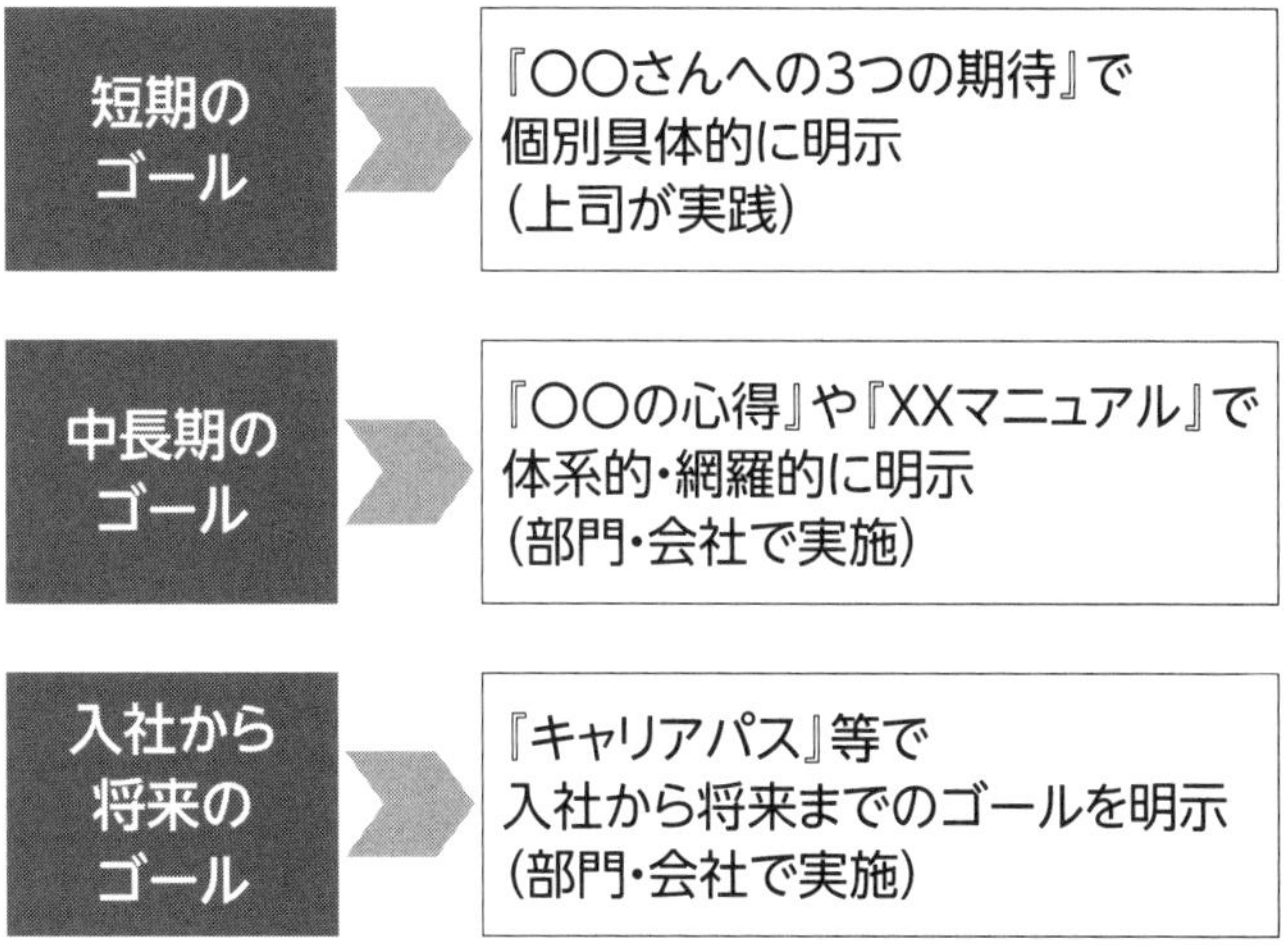
短期のゴール
『〇〇さんへの3つの期待』で
個別具体的に明示
（上司が実践）
中長期のゴール
『〇〇の心得』や『XXマニュアル』で
体系的・網羅的に明示
（部門・会社で実施）
入社から将来のゴール
『キャリアパス』等で
入社から将来までのゴールを明示
（部門・会社で実施）

人材育成が成功するための「3つの前提条件」をご紹介しましたが、いかがでしたか？

どんなにお金と時間をかけ、体系的な人材育成制度を構築したとしても、対象となる社員、社員を育成する上司の2つがダメなら、人材育成制度は有効に機能しません。仮に機能したとしても、絶えず社員や上司のモチベーションを下げてしまうような組織では効果が半減する、ということです。

ステップ2：成長のゴール設定

モチベーションを下げない組織で、前提条件をクリアした社員を、同じく前提条件を満たした上司が育成すれば、人材育成の土台ができます。土台ができたあとは、さらに社員に「**成長のゴール**」を示しましょう。

一部の優秀な社員であれば、個人の月間目標や年間目標が成長のゴールになるでしょう。しかし大半の社員は、個人目標を達成するためにどのような知識と技術を習得すればいいのかわかっていません。

そのような社員には、たとえば考える力をつけるために「紙に書いて考え、課題が把握できる」といった形で、1週間後の個別具体的な成長ゴールを示してあげたほうが効果的です。

成長のゴールは、大別すると3種類あります。

中長期のゴールである「○○の心得」や「○○業務マニュアル」、入社時点から将来に向けてのゴールである「キャリアパス」などは、すでに作成している会社もあるでしょう。

ただ、より短期のゴールである「○○さんへの3つの期待」などは、作成していないことが多いはず。これを機に、上司が「○○さんへの3つの期待」を作成し、それぞれの部下に提示することをお勧めします。

図2―11に、「○○さんへの3つの期待」のフォーマットを示します。何の工夫もないシンプ

2-11 【短期のゴール】〇〇さんへの3つの期待

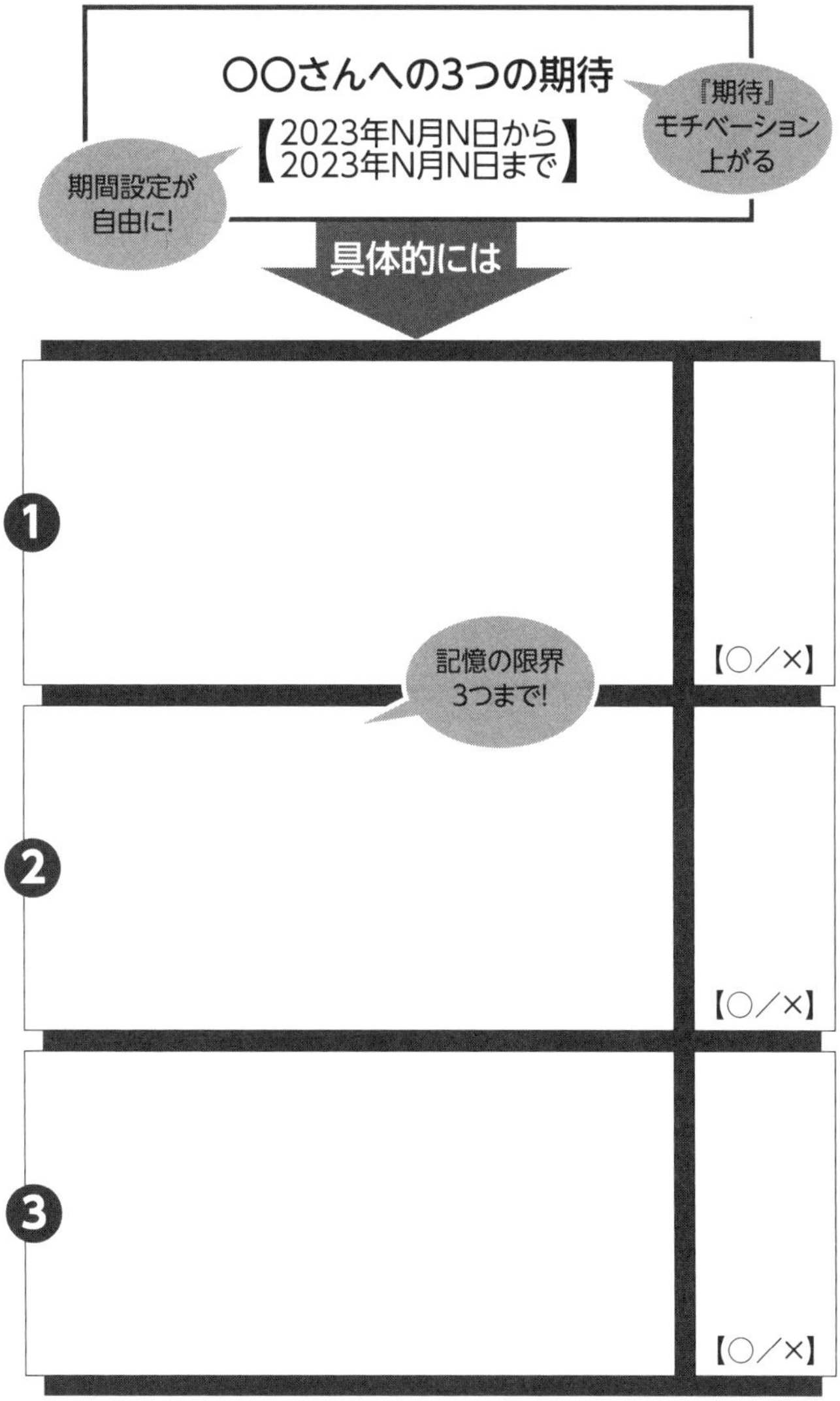

2-12　【短期のゴール】佐藤さんへの3つの期待

新　人　佐藤さんへの3つの期待

【2023年4月10日
　　　〜4月14日】

具体的には

❶ **みんなに明るく元気な声で、**
毎日挨拶をする
〜 朝は『〇〇さん、
　　おはようございます』!
　帰りは『〇〇さん、
　　お先に失礼致します』〜

【○／×】

❷ **仕事を頼まれたときは『納期』を**
必ず把握する／聞く
〜 納期を指示されなかった場合
　　『納期はいつですか?』と聞く〜

【○／×】

❸ **仕事が終わったら『終わりました』と**
上司に報告する
〜 上司から指示をされた
　　仕事はすべて報告する 〜

【○／×】

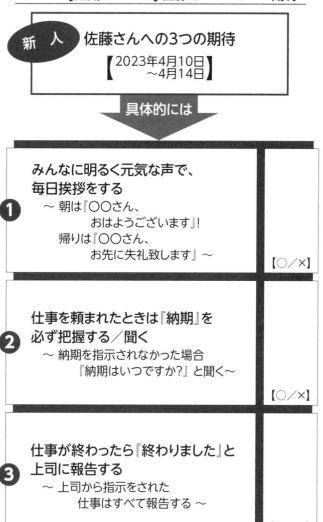

2-13 【短期のゴール】小西さんへの3つの期待

小西さんへの3つの期待

【2023年4月10日 ～4月14日】

具体的には

❶ **『わからない!』、『わかりません!』を言わない** ～『考えてみます!』、『わかりそうです!』と言う～	【○／×】
❷ **紙に書いて考えよう!** ～ A3の白い紙に 1日1枚以上書いて考える～	【○／×】
❸ **②の自信作を私に1枚以上プレゼンする** ～プレゼン後、私からの NG指摘を3個以内にする～	【○／×】

ルすぎるフォーマットに見えるかもしれませんが、実は3つの工夫を施しています。

① **人間が一度に記憶できることは3つまでなので、最初から3つの期待しか記入できないようにしてあります。**

② **「期待」という言葉は、部下からすれば「上司から期待されている」と感じ、少し嬉しくなる言葉です。**

③ **ゴールの期限を自由に設定可能です。部下の力量に合わせ、1日後、3日後、1週間後、2週間後、1ヵ月後などの期間を自由に設定し、その期間のうちに部下に成長してもらいたいゴールを設定できます。**

図2―12、図2―13に実際の記入例も示しておきますので、参考にしてもらえれば嬉しいです。

なお、ここで気をつけてもらいたいのが、**成長のゴールを人事評価に連動させない**ことです。人事評価に連動させると、社員1人ひとりに最適な成長のゴールが設定できません。

なぜならば、人事評価制度でもっとも重要なのは公平感だからです。成長のゴールを人事評価に連動させると、公平感を優先して考えなければならず、同じ等級やグレードの社員には同じ成長ゴールを設定しないといけなくなります。

本来、社員1人ひとりの力量は異なるので、本人の成長を考えれば「成長ゴール」は社員ごとに作成すべきものです。人事評価制度へは、連動させないほうがいいのです。

ステップ3：体系的な人材育成

モチベーションを下げない組織と、前提条件をクリアした社員と上司がおり、成長のゴールである「〇〇さんへの3つの期待」も設定されていれば、人材育成の段取りは完了です。

ここまでできれば、体系的な人材育成が極めて有効に機能します。

なお、「体系的な人材育成」と言うと、集合研修を体系的に整備することだと勘違いする方が多いのですが、必ずしもそうではありません。もちろん集合研修も重要ですが、それよりも重要なのが、冒頭でも説明した「社員が成長できる仕事と〝場〟を与えること」です。加えて、先ほどの「〇〇さんへの3つの期待」を使って「成長のPDCA（3つの期待のPDCA）」を

2-14　体系的な人材育成

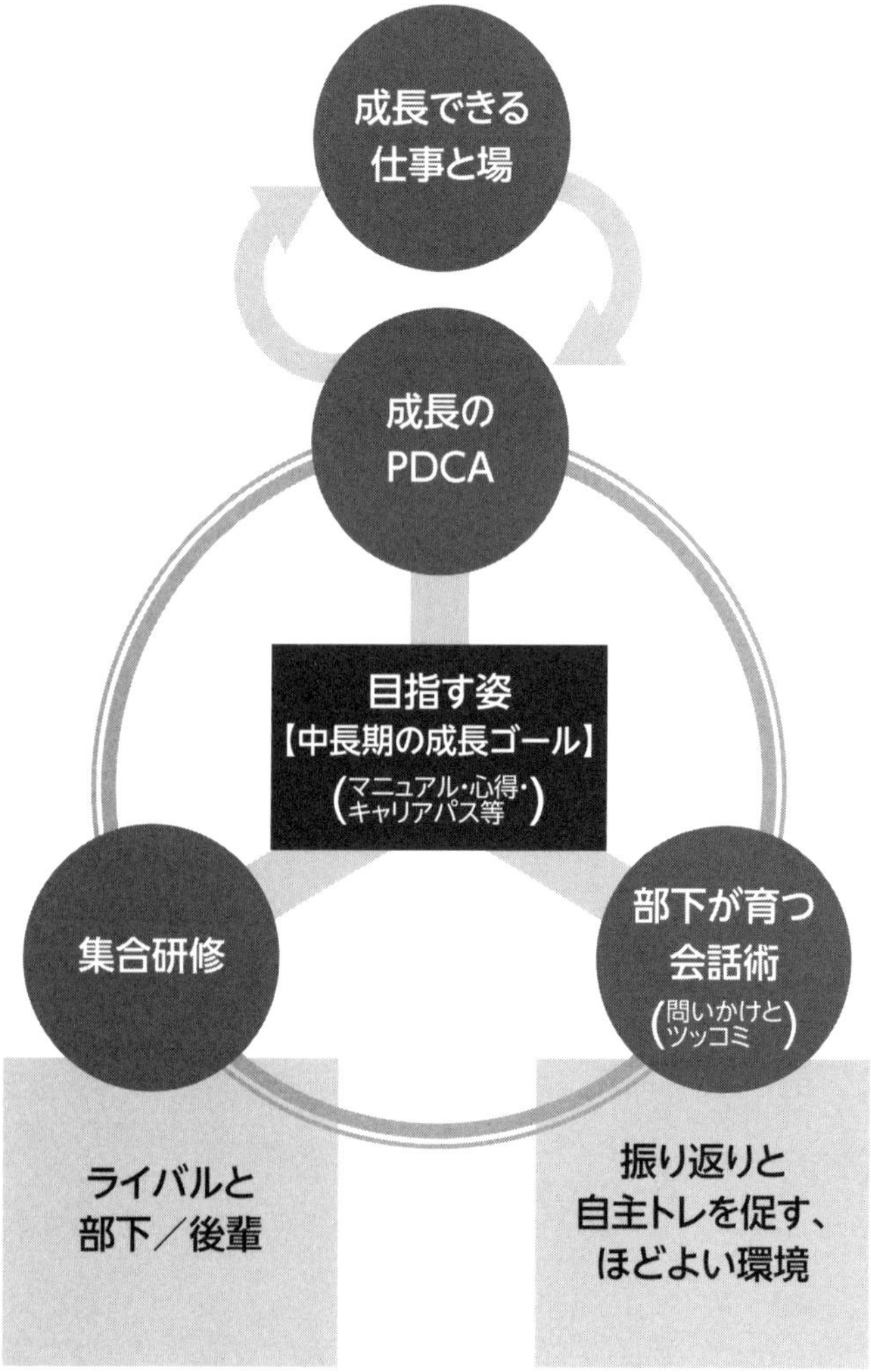

回すことや、「上司と部下との会話で、自然に育つように促す」こと、「目指す姿（中長期のゴール）を示す」ことなども重要となります。

これらの取り組みを補完する形で「集合研修」を設計・整備すると、体系的な人材育成の体制が完成します。図2―14に、体系的な人材育成体制のイメージをまとめていますので、そちらも参考にしてください。

一発で課題解決できる便利なツールはない

ここまで、「人材育成の王道」の3つのステップを紹介してきました。人事評価制度は、実は人材育成にはあまり効果的ではないことが、ご理解頂けたのではないでしょうか。

「人事評価制度で社員が育つ」という期待は勘違い、あるいは過剰な期待であり、誤解したまま制度をいじることのリスクも高いと言えます。

これが正しい考え方

人事評価制度は、人材育成には限定的な効果しかありません。上司が部下の成長ゴールを設定し、成長できる仕事と場を与え続ければ社員は育ちます。ただし、ＭＶＶに賛同していない社員は育ちませんし、育成ベタな上司が育ててもダメです。

勘違い 2

人事評価制度で会社の業績が向上する

社長をミスリードするな！

書店に行くと『人事評価で業績を上げる』、『業績向上に結びつく人事評価の進め方』、『社員が成長し業績が向上する人事制度』といった趣旨のタイトルがつけられた書籍も目につきますが、中小・ベンチャー企業の社長をミスリードしてはいけません。人事評価制度で業績が向上するなら、日本中の中小・ベンチャー企業が商品開発・マーケティング・営業などの努力をしなくなります。そのような現象は起きていませんし、常に人事評価制度を構築したり改良したりしている中小・ベンチャー企業もありません。

業績(利益)は売上アップかコストダウンでしか上がらない

図2—15をご覧ください。企業の業績(利益)を向上させたいのなら、売上アップかコストダウンするしかありません。

このうち売上アップには、前項で述べたように事業開発、商品開発、マーケティング、営業、ブランディング、M&Aなどの施策実行が求められます。

一方で業務改革、経費削減、人件費削減、アウトソース、流行りのRPA・DXなどの施策によってコストダウンを実現することで、利益を向上させることができます。

おそらく人事評価制度で業績を向上させられる、という発想の方は、人事評価制度の導入により社員のモチベーションが上がり、その結果として仕事を頑張るので業績が向上するはずだ、と考えるのでしょう。

しかし、**新しい人事評価制度を導入することで社員のモチベーションが上がることはありません**。導入後ごく短時間はそうした効果が観測できることもありますが、一時的であり、すぐにもとに戻ります。

2-15　人事評価制度を改良しても業績は向上しない

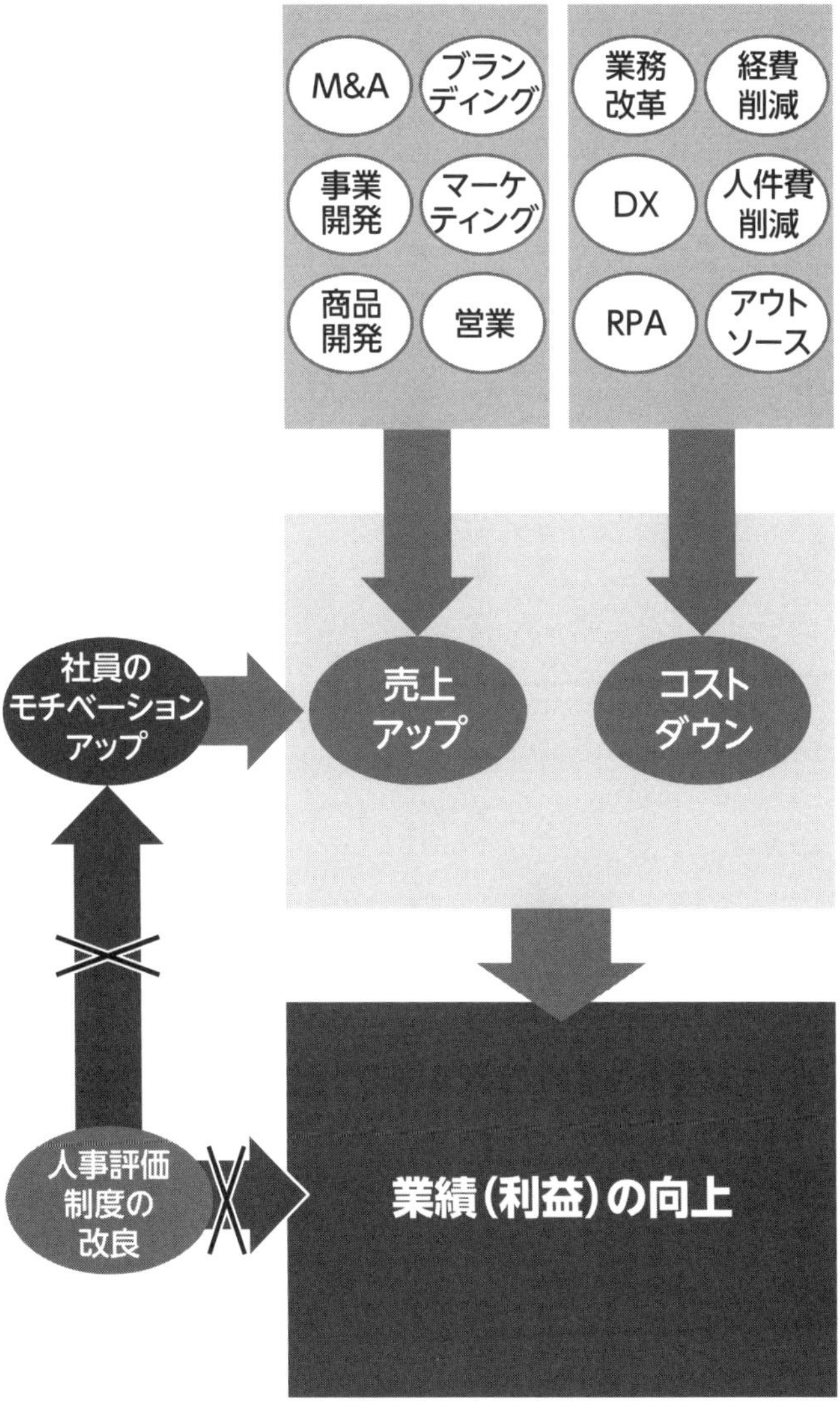

前項でも詳しく述べたように、人事評価制度の構築や改良はモチベーションを上げるための取り組みではなく、モチベーションを下げないための取り組みです（詳細➡第2章③）。

この点を勘違いしているとダメージが大きくなりがちなので、決して思い違いをしないようにしてください。

これが正しい考え方

人事評価制度で社員が成果を出し、それによって会社の業績が向上することはありません。一方で納得感の低い人事評価制度は社員のモチベーションを下げ、業績を停滞させます。業績を向上させるには売上アップとコストダウンのための施策を愚直に実行するしかありません。

勘違い 3

人事評価制度で社員のモチベーションを上げられる

人事評価制度は社員のモチベーションを下げないための取り組み

何度も繰り返しますが、**人事評価制度は社員のモチベーションを上げるための取り組みではなく、本質的にはモチベーションを下げないための取り組み**です。

次ページの図2—16をご覧ください。有名なハーズバーグの動機づけ・衛生理論を再度確認します。人間の2種類の欲求「仕事へのやる気を増大させる動機づけ要因」と「仕事に対してやる気をなくす衛生要因」について、それぞれに必要な要素をまとめています。

仕事に対してやる気をなくすとは、言い換えれば「満たされないと腹が立つ」ということ。ただし、満たされたところでやる気は上がらない状態です。このような状態をつくる衛生要因

2-16　ハーズバーグの動機づけ・衛生理論（1959年）

人間には2種類の欲求がある
（動物的欲求と人間的欲求）

仕事へのやる気を増大させる【促進要因】

動機づけ要因（直接要因・満足要因）

（1）やりがいのある仕事をとおして達成感を味わえること
（2）達成した結果を上司や同僚に認められること
（3）仕事の中に自己の知識や能力を活かせること
（4）責任を持って仕事をまかされること
（5）仕事をとおして能力を向上させ人間的に成長できること

仕事に対してやる気をなくす（阻害要因）

衛生要因（間接要因・不満足要因）

（1）福利厚生
（2）給与
（3）処遇（待偶の仕方）≒人事評価制度
（4）作業条件
（5）人間関係
（6）会社の方針
（7）管理・監督のあり方

のひとつに「処遇（待遇の仕方）」、いわゆる人事評価制度があります。

人事評価制度がまったく整備されていない状態、あるいは整備されていても次のような課題がある状態では、社員はやる気をなくします。

- **何を基準に、誰が評価しているかわからない状態**
- **評価結果と昇給については、給与明細をもらった時点でしか把握できないので、不安しかない状態**
- **評価面談が1年に1回しかなく、評価結果の説明を十分に聞けない状態**　など

こうした課題があるのであれば、課題解決のために人事評価制度を構築したり、改良したりする必要があります。人事評価シートを作成したり、評価結果の昇給への反映方法を明確にしたり、評価面談を四半期に1回実施したりすることで、社員を安心させ、やる気をなくさないようにできます。

ただし、気をつけてもらいたいのは、**やる気がマイナスからゼロの状態に戻るだけで、プラ**

スの領域にまで高まるわけではないことです。もちろん、やる気がマイナスの社員にとっては、ゼロの状態に戻るだけでもその分はやる気が上がったと感じられますが、現状のやる気がすでにプラス状態の社員には、人事評価制度の構築や改良では大きな効果を及ぼせません。

具体的なイメージを図2—17に示します。社員のやる気を高めるためには、人事評価制度をいじるのではなく、「やりがいのある仕事を通して達成感を味わえる」などのハーズバーグの動機づけ要因で示された5つの促進要因を実践していく必要があります。

つくり方を間違えると人事評価制度が社員のモチベーションを下げてしまう

何度も言うように、人事評価制度の整備は社員のモチベーションを下げないための取り組みですが、制度づくりや運用に気をつけないと、社員の納得感が低くなりモチベーションが下がります。

よかれと思い構築や改良をしても、制度の内容が導入前よりも悪くなれば、社員のモチベーションはさらに下がりやすくなり、また下がったままとなります。

そうならないためには、第1章①で紹介した人事制度がうまくいかない5つの原因のうち、

2-17　人事評価はモチベーションの低下防止に有効

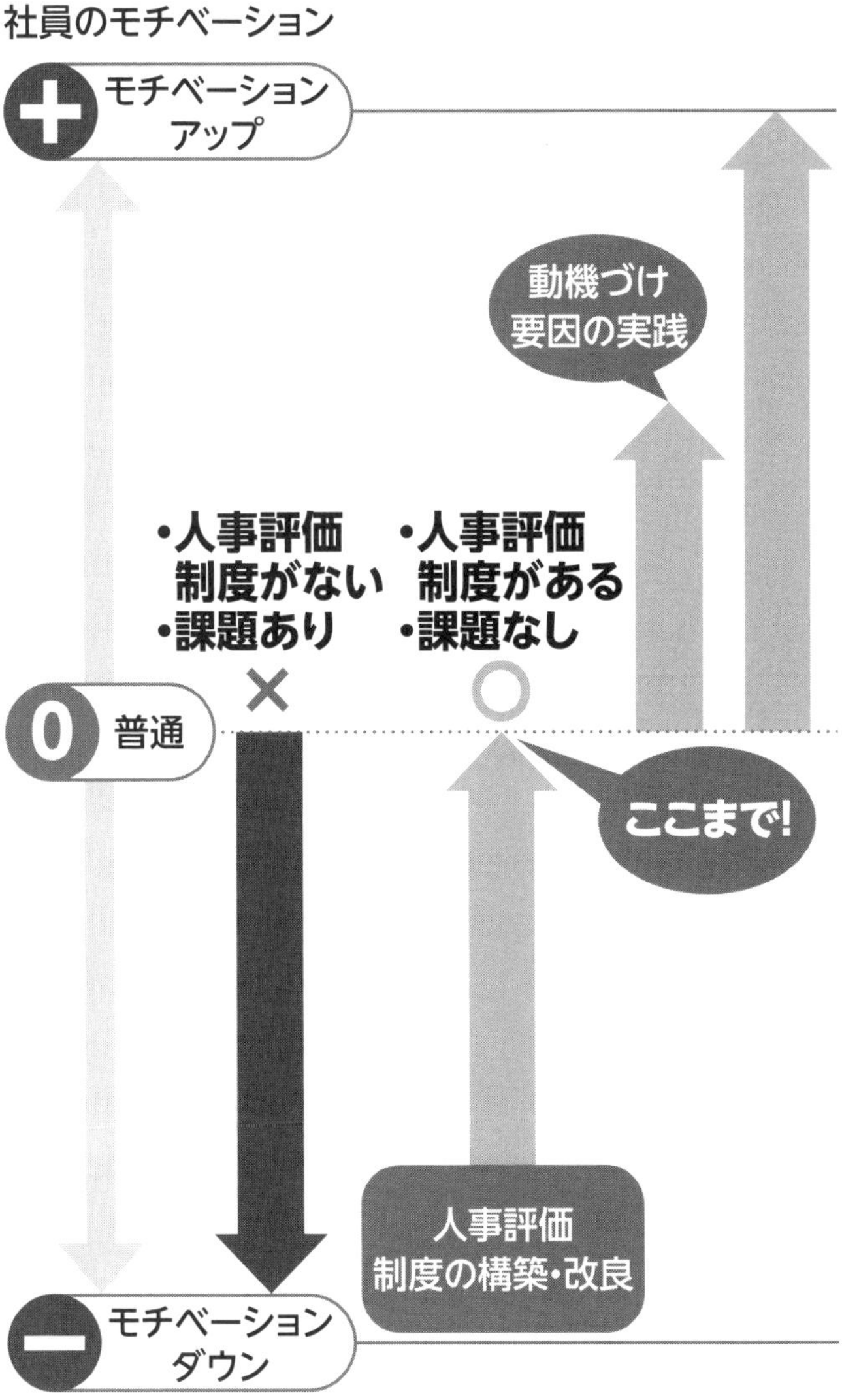

特に「③社長の期待が高すぎる／認識がずれている」、「④社員の昇給への期待に応えきれない」、「⑤MVVに賛同していない社員が存在する」という3つの原因を解決できるように、自社の人事評価制度の構築や改良をしていかなければなりません（改良方法の詳細➡第3章）。

モチベーションがゼロに戻っても、気をつけないとまた下がる

適切な人事評価制度の構築や改良をし、社員のモチベーションをマイナスからゼロにできたとしても、制度の運用で気を抜くと、社員のモチベーションはまたすぐにマイナス圏に下がっていきます。

図2—18をご覧ください。導入時には部下から信頼・尊敬されている評価者を選定したとしても、導入後、新たに評価者になった上司の部下からの信頼が低い場合の変化を示した図です。

評価される部下は、「○○課長には評価されたくない！」などと感じ、人事評価への納得感が低くなり、それによってモチベーションも下がってしまっています。

導入時には評価面談を4半期に1回実施していたが、しばらくして業務が忙しくなり、半年に1回になってしまう。1回の面談時間は1時間を設定していたが、実際には15分で終了して

2-18　構築・改良後の運用に気をつけないと上がったモチベーションがまた下がる

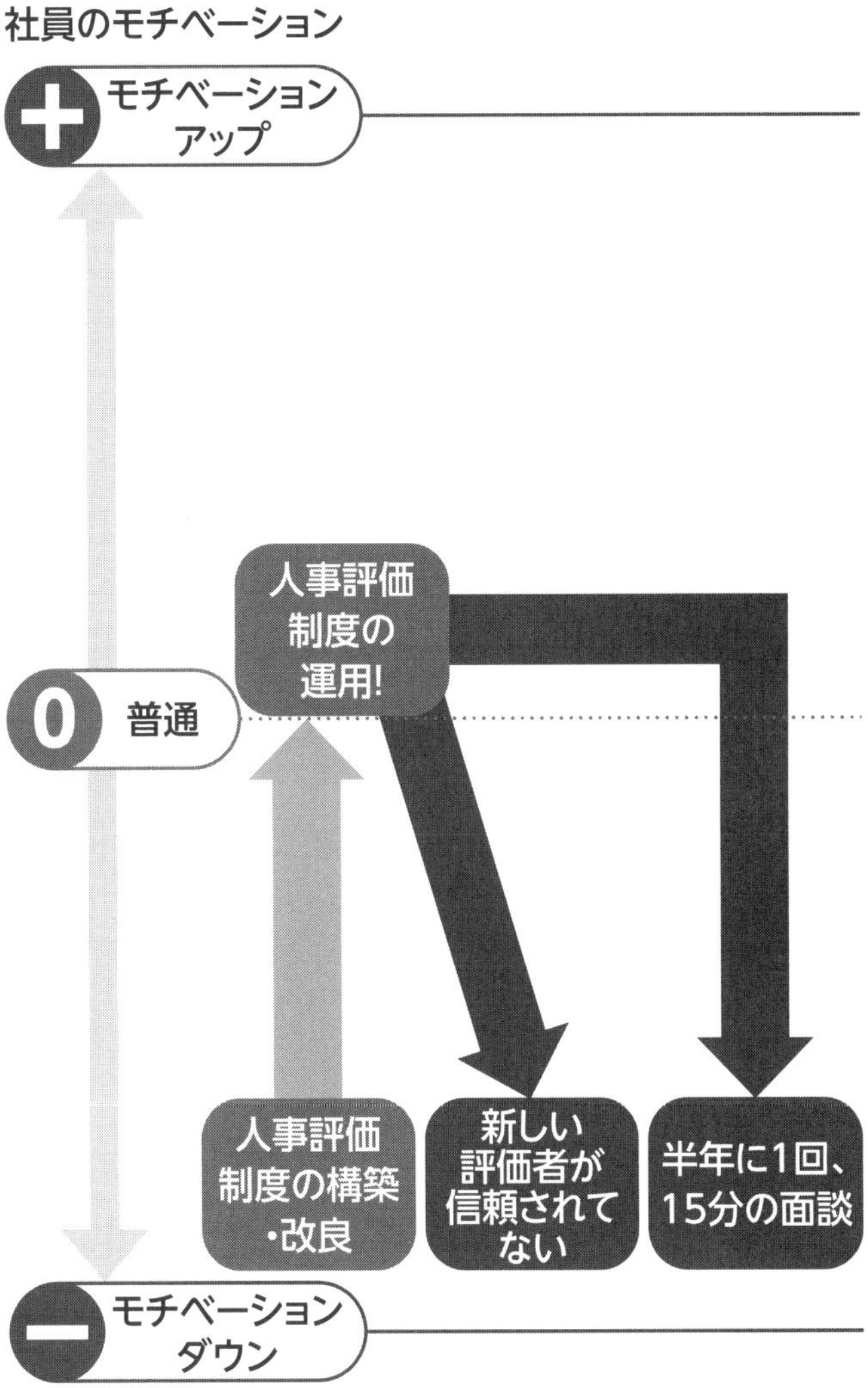

しまう。……そうした運用の失敗が積み重なると、評価結果を社員に十分に説明できなくなり、社員の評価への納得度が低くなり、モチベーションも下がってしまいます。

人事評価制度の世界でも「**継続は力なり**」です。当初の設計思想どおりに、人事評価制度を運用していく必要があります。

これが正しい考え方

人事評価制度では社員のモチベーションは上がりません。ただし、モチベーションがマイナスからゼロの状態には戻せます。社員のモチベーションを上げたいのであれば、人事評価制度をいじるのではなく、やりたい仕事をやってもらい、達成感を味あわせることなどに取り組むべきです。

勘違い

4

何もないから、そろそろ人事評価制度をつくったほうがいい

「そろそろつくろう」で制度をつくるのは危険

会社を創業し、社員数が10人くらいに成長してくると、「うちには人事評価制度がないので、そろそろ人事評価制度をつくったほうがいいのではないか？」などと社員や幹部から社長に提案が出てきます。社長も、「そうだな、そろそろつくったほうがいいかな」と考え、お金と時間をかけて「人事評価シート」をつくってしまいがちです。

しかし、この行動には次の2つのデメリットが発生するので、私はお勧めしません。

・デメリット1：人事評価シートの作成・評価・集計コストが無駄になってしまう

2-19　そろそろ人事評価制度をつくろうは怖い！

・デメリット２：人事評価制度で出てきた点数が社長の評価イメージと合わなければ、結局は社長が修正せざるを得なくなる（いわゆる「えんぴつなめなめ調整」）

そのため、このくらいの規模の会社であれば、新たに人事評価シートを作成することはせず、社長のあたまの中だけでの評価（以下、「**社長のあたま評価**」と呼びます）の継続で十分です。

図２―20をご覧ください。「社長のあたま評価」は、社長が社員の仕事ぶりを観察し、社員と頻繁に会話をすることで社員の給与・賞与を

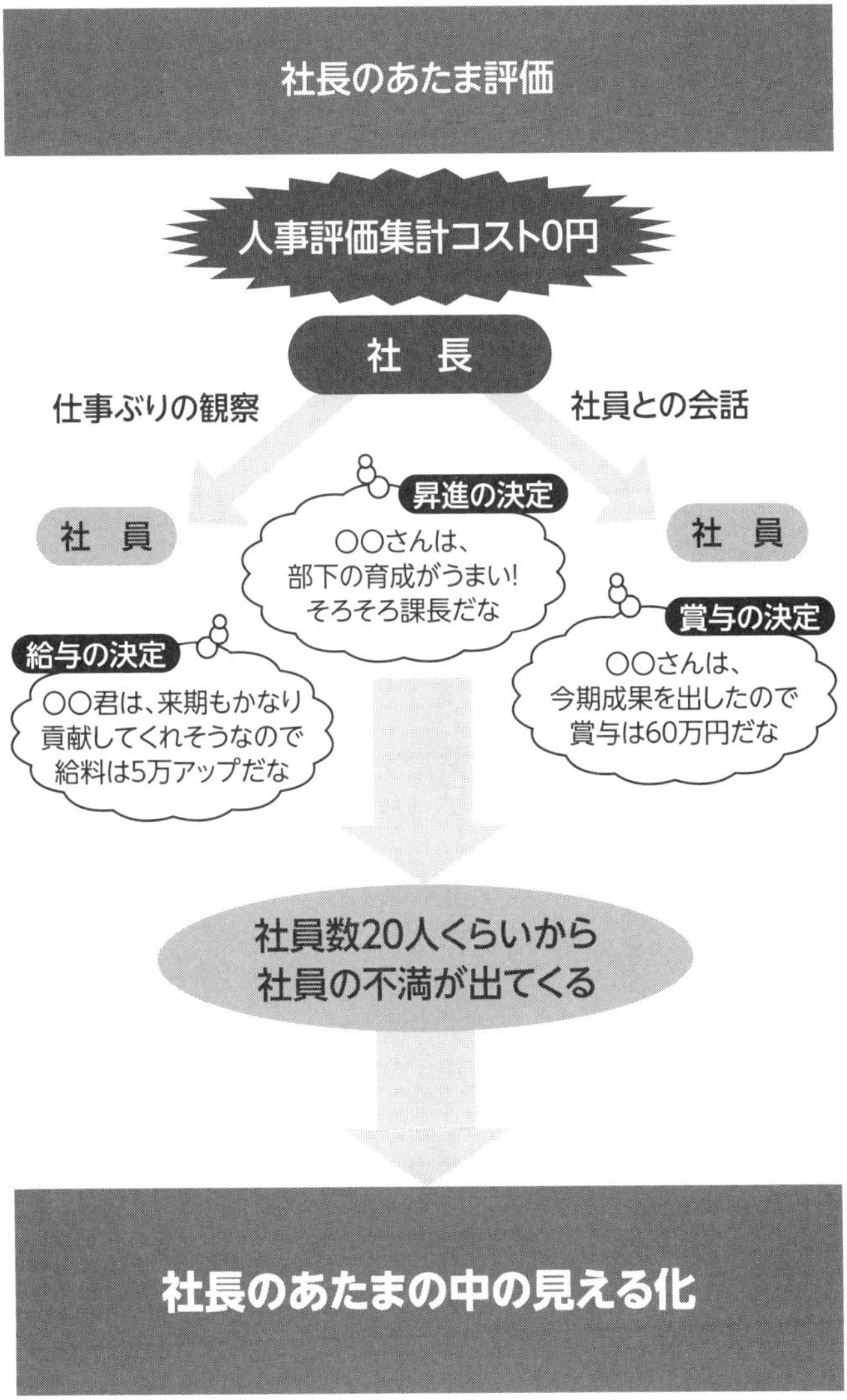
社長のあたま評価
人事評価集計コスト0円
社　長
仕事ぶりの観察
社員との会話
社　員
社　員
昇進の決定
○○さんは、
部下の育成がうまい!
そろそろ課長だな
給与の決定
○○君は、来期もかなり
貢献してくれそうなので
給料は5万アップだな
賞与の決定
○○さんは、
今期成果を出したので
賞与は60万円だな
社員数20人くらいから
社員の不満が出てくる
社長のあたまの中の見える化

決めたり、昇進を決めたりする仕組みです。

評価者は社長1人なので評価基準がぶれず、毎日の社長との会話がそのまま評価面談であり、社長から社員へのフィードバックもそのまま「社員の成長のための気づき」になります。社長が全社員から信頼・尊敬されていれば社員の納得感も高く、評価コスト0円の最高の人事評価制度です。

20人を超えたらつくってもよい

ところが、**社員数が20人を超えてくると、先ほど挙げたひとつ目のデメリットがなくなります**。人事評価シートの作成・集計コストが無駄にならず、経営に必要な投資・費用に変わってくるのです。

その理由は、これくらいの社員数で「社長のあたま評価」の限界がやってくるからです。

一般的には社員数が20人を超えた頃から、社長が社員全員を細かく見ることができなくなり、次の2つの事象が発生するようになります。これらの事象の発生が、社内制度として人事評価制度を構築すべきタイミングのサインとなります。

事象1：社長がいてもらいたい社員が辞めてしまう

成果を出している社員は、「社長のあたま評価」の段階であっても高い評価を受けており、給与・賞与が上がります。そのため、社長の評価にも満足しています。

しかし、社員が増えてくると成績上位者、つまり「仕事ができる社員」の人数も増え、そのうちのダントツのトップではない下位者、たとえば成績上位だけれども上から4位や5位くらいの社員が、「自分は、もっと給与をもらうべきでは？」などと社長の評価に疑問を感じるようになります。結果、退職する人も出てくるでしょう。

「社長のあたま評価」では昇給基準や昇進・昇格の基準が文書化されていないので、自らに対する評価に疑問を持つ社員が、このくらいの社員数からはどうしても出てくるのです。「このまいまの会社にいては給与が上がらないし、偉くもなれないな……」などと感じ、最悪の場合には退職してしまいます。

このように、**期待していた社員の退職がパラパラと発生してきた段階で、「社長のあたま評価」から脱却し、しっかりとした人事評価制度を構築すべき**でしょう。

2-21　2つの事象が発生した場合はうまくいく

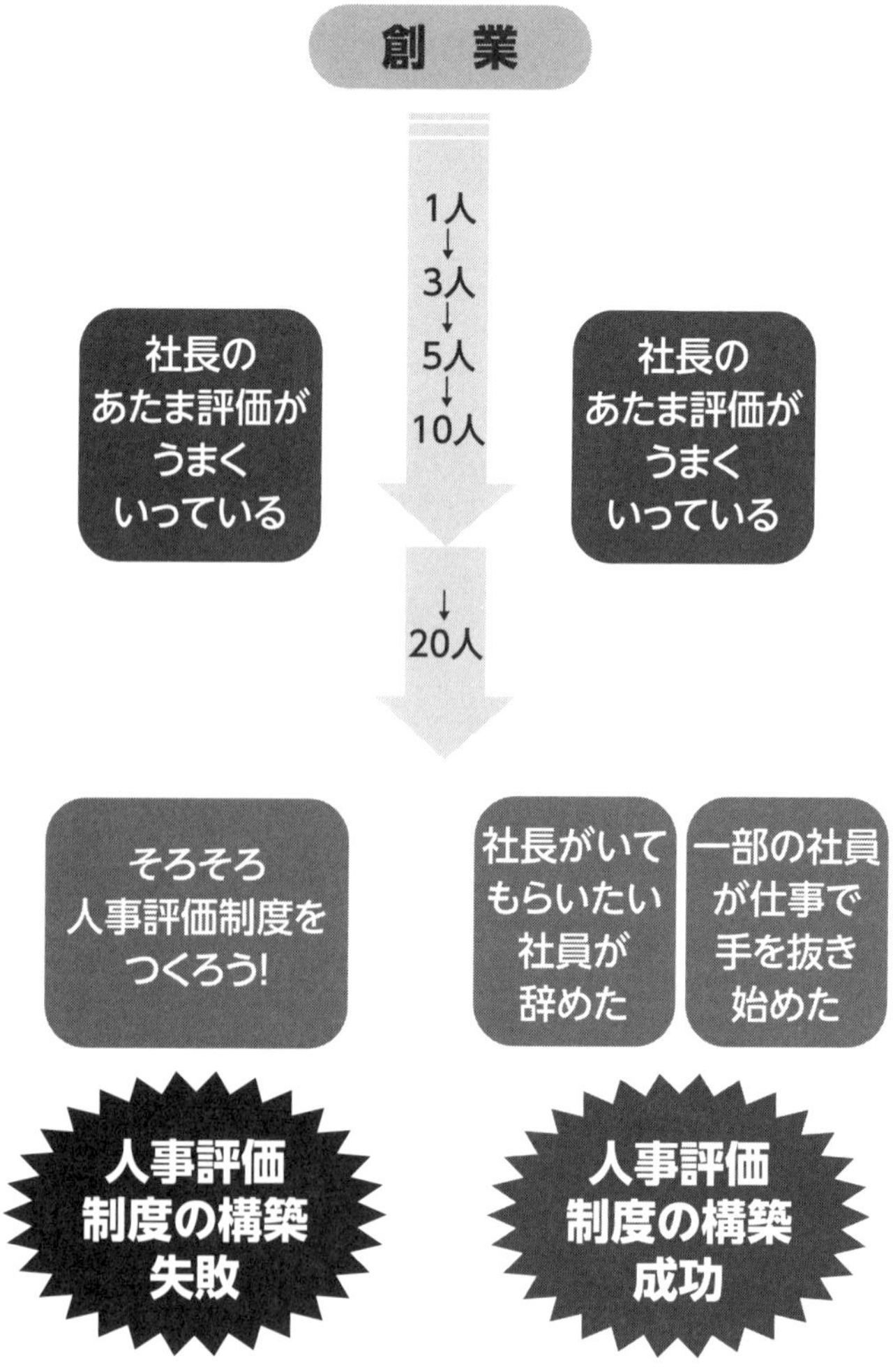

創　業
1人
↓
3人
↓
5人
↓
10人
社長の
あたま評価が
うまく
いっている
社長の
あたま評価が
うまく
いっている
↓
20人
そろそろ
人事評価制度を
つくろう!
社長がいて
もらいたい
社員が
辞めた
一部の社員
が仕事で
手を抜き
始めた
人事評価
制度の構築
失敗
人事評価
制度の構築
成功

事象2：まじめに仕事をしていない社員の発生（やる気なし・手抜き社員が増えてくる）

会社が小さいうちはよいのですが、社員数が増えて20人を超えたあたりから、「社長のあたま評価」だと、先ほどの成績上位者だけでなく普通の社員の一部も社長の評価に疑問を持ち始めます。

結果、「真面目に仕事をしても、給与はそんなに上がらない」、「成果を出しても、賞与がたくさんもらえない」などと感じ、仕事の手を抜いたり、やる気がないまま仕事に取り組んだりする社員が発生してきます。

こうした社員が複数出てきたタイミングも、「社長のあたま評価」から脱却し、きちんとした人事評価制度を構築すべき時期だと言えます。

いずれにせよ、これらの事象は社員数が増えて、「社長のあたま評価」では物理的に見きれない部分が生じることによって発生してきます。じっくりと個々の社員の仕事ぶりを観察し、社員とまめにコミュニケーションをとっている社長でも、**社員数20人くらいが適切に評価できる限界**と言えるのかもしれません。

ただし、給与・賞与評価のシート設計から入るのはやめたほうがよい

社員数が20人を超え、先ほどの2つの事象が発生し始めたら、いよいよ人事評価制度を構築していきましょう。ただし、いきなり給与・賞与を決める「人事評価シート」の作成に着手することはお勧めしません。うまくいかない可能性が高いからです。

そうではなく、次に示す手順を踏んで人事評価制度の設計・構築をしていきましょう。

ステップ1：昇進要件の作成

まずは、役職（主任・課長・リーダー・マネージャー等）に昇進するための要件、「昇進要件」を作成しましょう。

社長と幹部で意見交換し、役職別の昇進要件を決めます。要件は3つから5つくらい設定すれば十分です。

図2―24をご覧ください、弊社のお客様がよく設定される「課長の前提条件（昇進要件）」を再掲したものです。具体的には、「社長の譲れない想いと考え方に賛同している」、「上司として

2-22　そろそろ人事評価制度をつくろうで給与・賞与の評価から入るのは怖い！

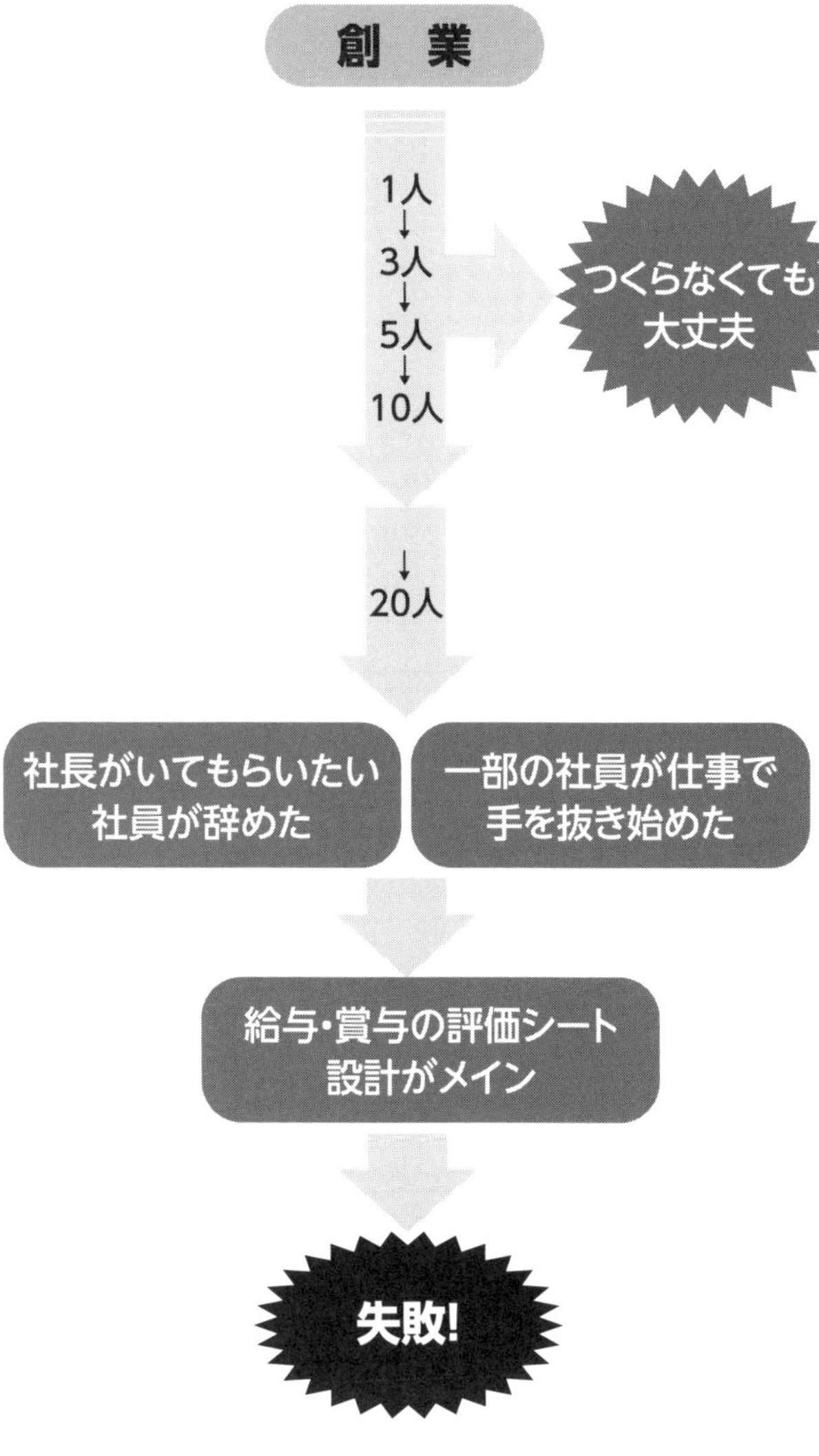
創　業
1人
↓
3人
↓
5人
↓
10人
つくらなくても
大丈夫
↓
20人
社長がいてもらいたい
社員が辞めた
一部の社員が仕事で
手を抜き始めた
給与・賞与の評価シート
設計がメイン
失敗!

2-23　人事評価制度の構築では昇進の評価から入るのがよい

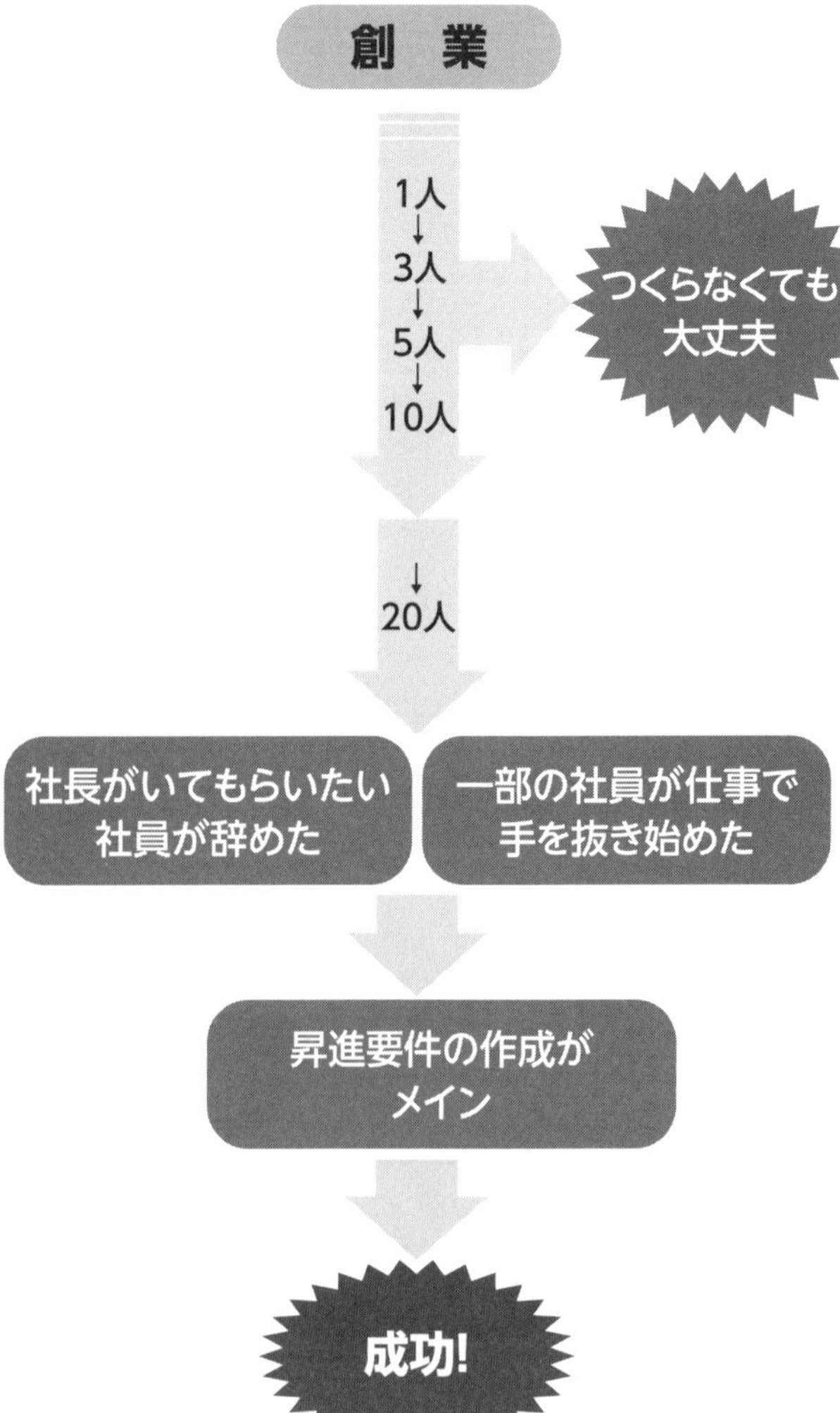
創　業
1人
3人
5人
10人
つくらなくても大丈夫
20人
社長がいてもらいたい社員が辞めた
一部の社員が仕事で手を抜き始めた
昇進要件の作成がメイン
成功!

2-24　課長の前提条件（課長への昇進要件）例

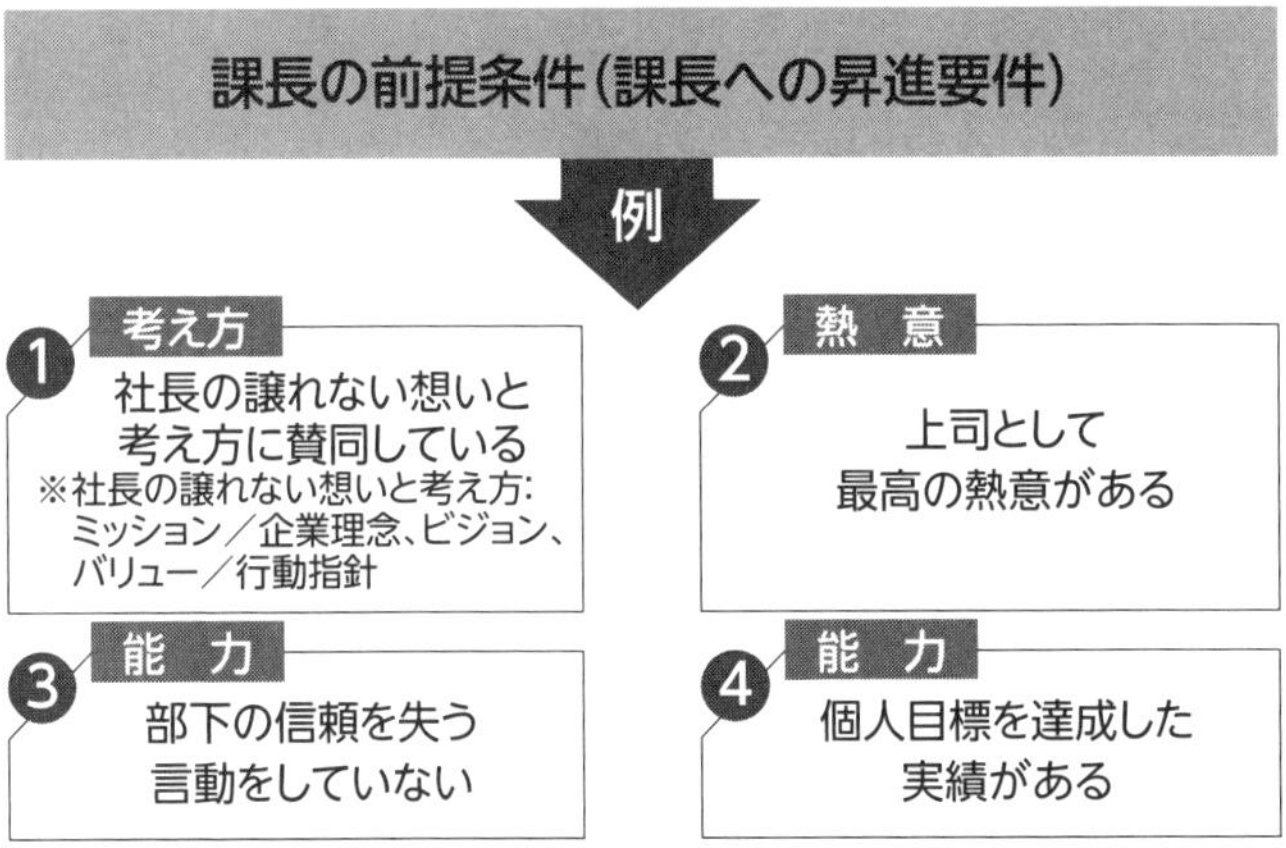
課長の前提条件（課長への昇進要件）
例
① 考え方
社長の譲れない想いと
考え方に賛同している
※社長の譲れない想いと考え方:
ミッション／企業理念、ビジョン、
バリュー／行動指針
② 熱意
上司として
最高の熱意がある
③ 能力
部下の信頼を失う
言動をしていない
④ 能力
個人目標を達成した
実績がある

※4つの前提条件をクリアした人の中から経営会議／人事評価会議で課長に昇進する人が決まる

最高の熱意がある」、「部下の信頼を失う言動をしていない」、「個人目標を達成した実績がある」の４つです。この４つの前提条件をクリアした社員が課長の候補者リストに入れられ、経営会議や人事評価会議等で承認されたら、課長に昇進できます。

具体的な「課長の前提条件（昇進要件）」のつくり方は、以下のとおりです。

・手順１：事前に各自が原案を作成します

・手順２：各自、原案と作成上の〝こころ（意図）〟を発表します

・手順３：発表の都度、質疑応答して意見交換します

・手順4：最後に、社長の原案と作成上の〝こころ（意図）〟を発表します
・手順5：幹部からの質問を受けながら意見交換するとともに、社長の考えを管理職に共有します
・手順6：ここまでの意見交換の結果を踏まえ、社長が課長の前提条件を決定します

課長だけでなく、主任などの役職の前提条件についても同じように作成してください。

また、併せて等級やグレード等を整備したい場合には、上の等級に昇格するための前提条件、すなわち「**昇格要件**」も作成します。例として、弊社の「昇格要件」を図2―25に示します。参考にして頂ければ幸いです。

なお、「昇格要件」を整備する場合には、同時に「賃金テーブル（給与テーブル）」も作成したほうがよいでしょう（詳細➡第3章③）。昇進要件の達成度合いを基準として、「社長や上司のあたま評価」で給与の評価ができるのであれば、給与の人事評価シートは必須ではありません。

2-25 レベル別の昇格・降格要件（L2）弊社例

	L2
任命されうる役職	キャプテン
昇格要件	**【共通要件】** ①存在意義・ビジョン・こだわりが口癖になっている ②個人で四半期目標を2回以上達成したことがある ③メンバーに興味・関心がある ④直近1年間で1ヵ月のブラック5個以上が4回以下 ⑤経営会議で承認される **【コンサルタント職】** ①自力で受注NNNN万以上を獲得できる営業力がある ②コンサルティングできるテーマが5テーマ以上（1ビンゴ）（コンサルビンゴに記載されているテーマの中から） ③コンサルタントの心得が口癖になっている ④ビジネス書を累計120冊以上読んでいる **【ビジネスサポート職】** ①売上アップ貢献賞／コストダウン貢献賞／リスク低減貢献賞／社長賞を1回以上獲得したことがある ②サポート職の業務で、20種類の業務ができる
降格要件	なし

ステップ2：賞与の設計

次に、「給与と賞与に関する基本的な考え方」を設定します。

図2—26をご覧ください。**人事評価には過去と未来しかありません。**具体的には「**過去の成果**」と「**将来への貢献**」の2つです。

このうち、「過去の成果」で給与を決めるのか、それとも「過去の成果」を清算する形で賞与を支払うのか、どちらにするのかを決めましょう。

昨今は「過去の成果」が将来の貢献を約束してくれない時代になっていますので、**「過去の成果」を業績連動賞与で清算し、「将来への貢献」への期待で給与を決めることを推奨します**（業績連動賞与の設計の詳細➡第2章⑪）。

続いて、賞与を固定賞与（支給額や支給月数を固定化し、支払いを保証する賞与）と業績連動賞与に分けるのかどうかを検討し、決定します。

社員からすると、高い固定賞与（たとえば1年間で給与6ヵ月分の賞与）だけか、固定賞与と業績連動賞与の二本立てが望みでしょう。一方の社長からすると、経営リスクの生じる固定賞与はナシとし、業績連動賞与へ一本化することが理想かもしれません。このあたりは、会社

2-26　給与と賞与の基本的な考え方

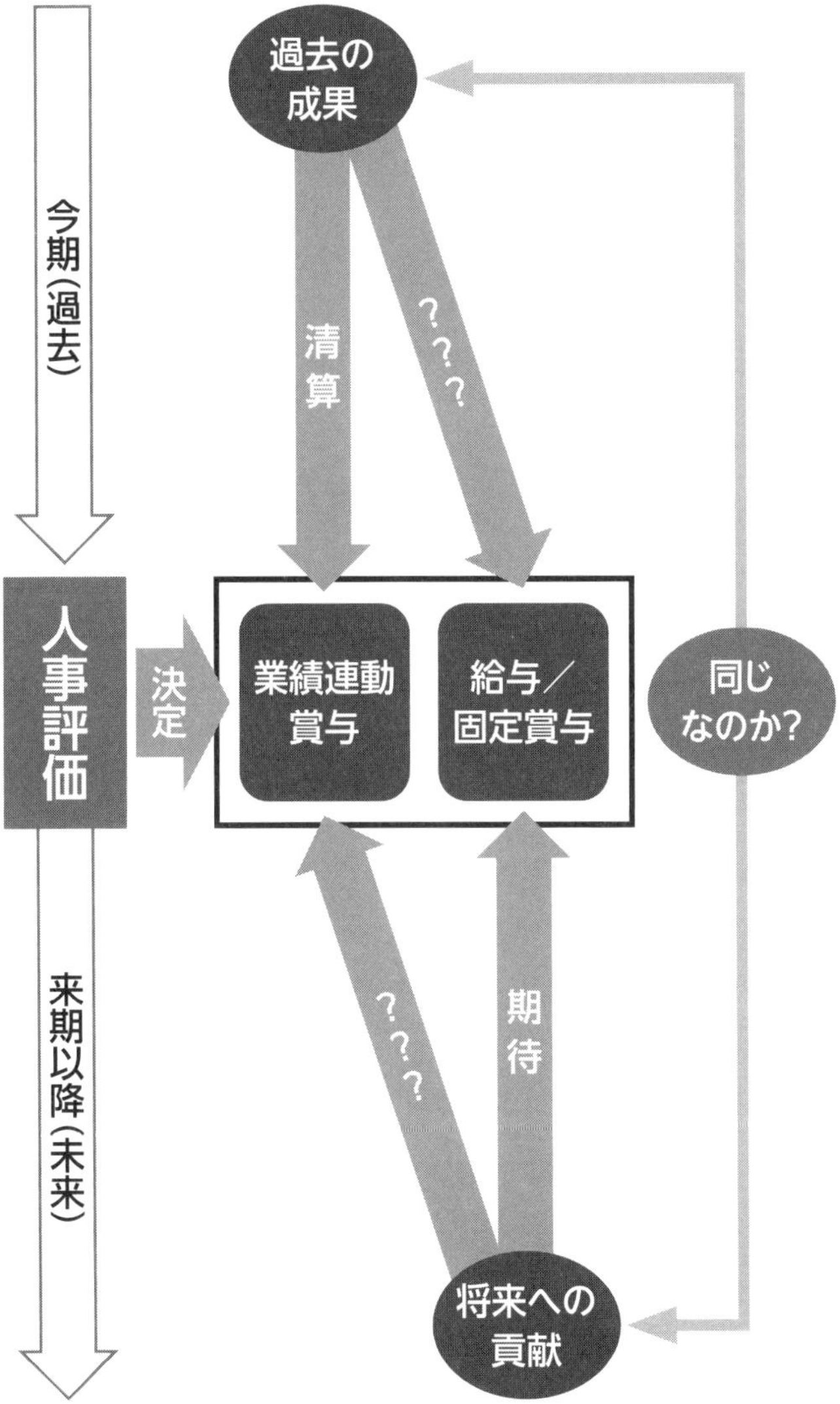

がどの程度儲かっているか、また社長の考え次第ですが、給与の1ヵ月から4ヵ月分くらいの固定賞与が支払える余裕のある会社であれば、固定賞与と業績連動賞与の二本立てにしておくのがいいと思います。

ステップ3：給与の人事評価シートの設計

ステップ1とステップ2の整備だけで人事評価制度の運用ができそうな場合には、給与の人事評価シートはまだしばらく不要です。

しかし**社員数が30人から40人くらいに急激に増えてきた場合には、給与の人事評価シートをつくる必要があるかもしれません。**

ただその場合も、すべての職種に人事評価シートをつくる必要はありません。図2―27に示すとおり、社員数が20人以上の職種だけに人事評価シートをつくり、20人以下しかいない職種については、従来どおりに「社長のあたま評価」か「上司のあたま評価」で運用すれば、それで十分です。

2-27　人事評価の3パターンの概要

人事評価の3パターン	1 社長のあたま評価だけ	2 社長のあたま評価＋人事評価シート	3 人事評価シートだけ
適合する会社	①従業員数が20人から30人以下	①20人から30人を超える職種がある（当該部門だけ人事評価シートを作成）	①すべての職種が20人から30人を超えている
主たるメリット	①人事評価・集計コストがかからない ②評価者が社長だけなので、評価基準がぶれない ③環境変化に対応できる	①社長のあたま評価だけの場合の課題（評価への不満等）を解決できる ②人数が多い職種の社員は、評価項目・基準を事前に把握できる ③人数が少ない職種は「社長のあたま評価」を継続できる	①社長のあたま評価だけの場合の課題（評価への不満等）を解決できる ②評価項目・基準を事前に社員へ周知できる
次パターンに移る基準	①社長がいてもらいたい社員が辞めた ②仕事で手抜きをする社員が増えてきた	①すべての職種が20人から30人を超えたとき	——

これが正しい考え方

社員数20人くらいまでは、人事評価制度はなくてもいいです。社員数が20人を超えたら人事評価制度をつくりましょう。

ただし、給与と賞与を決める人事評価シートをつくる前に、課長やリーダー等に昇進するための前提条件の作成から始めてください。

勘違い 5

どのように昇給・賞与が決まるかわからない現状は改善したほうがいい

合理的な発想だが、藪蛇《やぶへび》になるリスクがある

社員から「社長、どうすれば給与が上がるかがわかりません」といった指摘をもらうと、社長は「うちも、昇給の基準が誰にでもわかるように人事評価シートをつくらなくてはいけないのかな……」などと感じます。そうした課題感にしたがって、実際につくり始めることも多いのですが、そこは少し立ち止まって**冷静に考えたほうが得策**です。

社員数が20人以上の会社であれば、人事評価シートをつくること自体には問題ありません。しかし、社長のみなさんが人事評価シートを設計しようとするとき、より高い給与を支払うことになる昇給時の基準は、それなりに高いハードルを設定することが前提とされます。会社

2-28　昇給基準の明確化は諸刃の剣

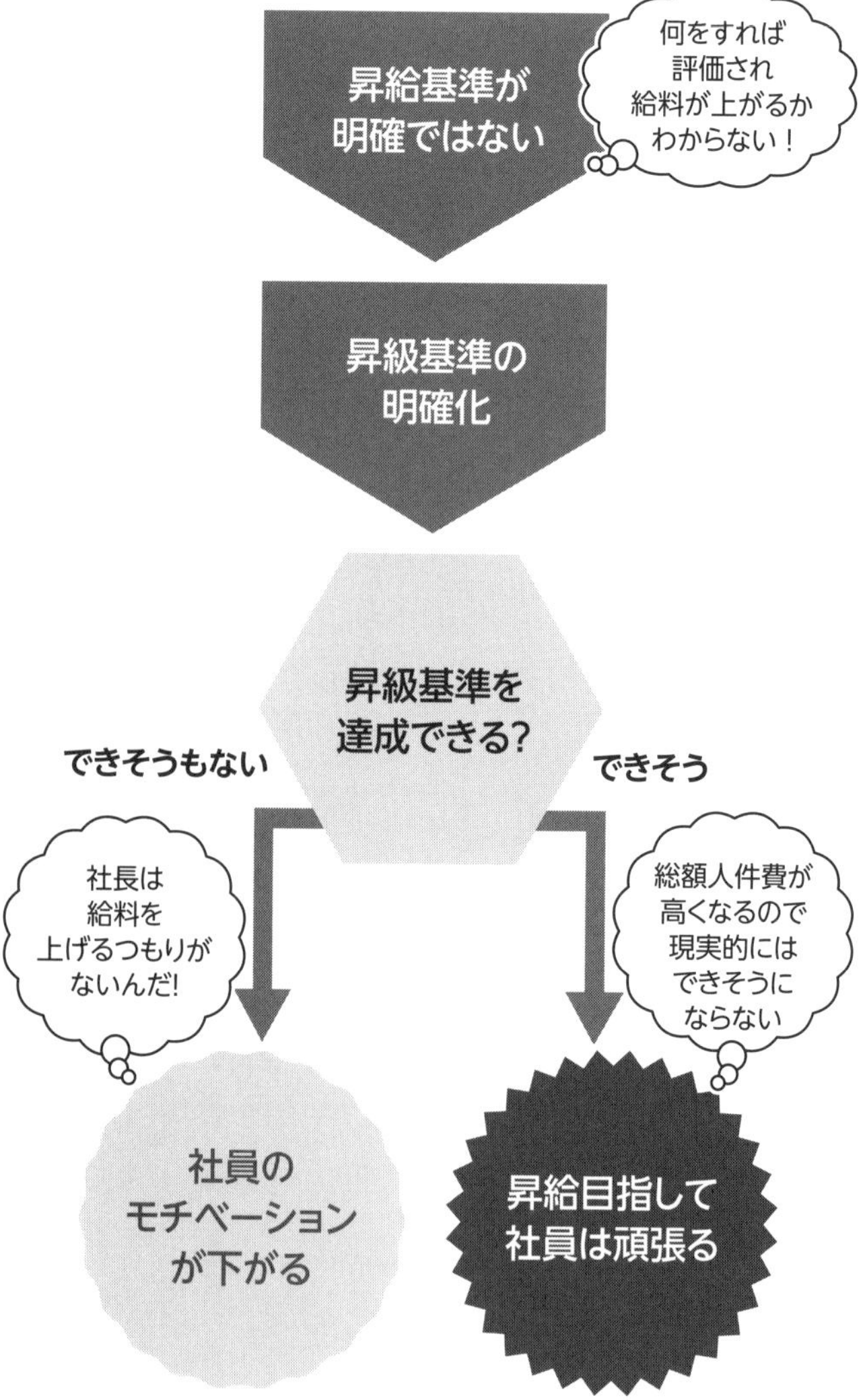

の存続を考えれば、社員にいくらでも支払えるわけではないのですから、それは当然です。そしてこの前提をベースに制度設計し、人事評価シートをつくると、昇給基準はおのずと達成の難易度が高いものになります。

結果どうなるかと言うと、せっかく人事評価シートをつくって昇給基準を明確にしたのに、難易度の高い昇給基準を見た社員らは「結局のところ社長は、誰も昇給させたくないのではないか?」などと考えてモチベーションを落としがちになるのです。社長の側でも、社員の不満の内容が変わるだけで、不満がなくなるわけではないことから、「つくらないほうがマシだった!」となることが少なくありません。

定期昇給と業績連動賞与をつくり、しばらく運用してみる

では、どうすればいいのでしょうか?

いろいろな考え方がありますが、私のお勧めは**定期昇給と業績連動賞与の導入から実施してみる**ことです。

定期昇給については、マイナス評価をされない限りは毎年、全員の給与が上がる制度をつく

ります。このとき昇給幅を大きくすると、総額人件費の過度の増大につながりますから、毎年1000円から5000円程度の小幅の昇給に抑えておきます。

こうした定期昇給には、社員へ安心感を与える効果があります。ただし年収が将来、大きく上がっていくだろう、という希望を持たせることまでは当然できません。そこで業績連動賞与も併せて設計し、導入します。

なお「業績連動賞与」とは、会社の業績がよければ、それに応じた賞与が社員に支払われる制度のことです。会社の業績が悪いときには社員が受け取る賞与の額は減り、場合によってはゼロになる場合もあります（業績連動賞与の設計の詳細➡第2章⑪）

昇進要件の作成も同時に行うとより効果的

定期昇給と業績連動賞与で社員のモチベーション低下が防げるようであれば、それで終了です。人事評価シートまで作成する必要はありません。

ただ、定期昇給と業績連動賞与を導入しても、それでも社員の下がったモチベーションを回復させられない場合には、第2章④で紹介した「昇進要件の作成」も同時に実施するといいでしょう。

こちらは昇進するための前提条件を明示するものなので、厳しすぎる条件にはなりにくいです。そのため、社員に「社長は誰も昇進させたくないのではないか?」などと思われることもないでしょう。

これが正しい考え方

社員数20人くらいまでは、昇給基準は作成しなくてかまいません。作成したい場合でも、定期昇給制度と業績連動賞与制度の導入から始めましょう。これらの取り組みを実施しても社員のモチベーションが回復できない場合には、昇進要件を作成します。

勘違い

6

人事評価シートは精緻につくったほうがいい

どうしても人事評価シートの設計に力が入ってしまう

人事評価制度の構築や改良をすると、どうしても人事評価シートの設計に力が入り、精緻につくろうとしてしまいます。

「精緻につくろう」と考えることは必ずしも悪いことではないのですが、「過ぎたるは猶及《なお》ばざるが如《ごと》し」となってしまうことがよくあります。

プロローグで紹介したとおり、私も若い頃には、現場で運用できない精緻な人事評価シートを作成し、失敗していた時期があります。こうした状況では、第1章でも示したように4つのデメリットが発生し、総じてよくない結果につながります（➡第1章②）。

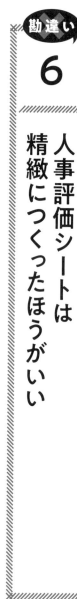

① 運用しきれない。人事評価を終えることが上司のゴールになってしまう
② 評価誤差が発生しやすくなってしまい、最低限の公平感まで失われる
③ 社員が納得できない箇所が増え、社員から指摘を受ける（いちゃもんをつけられる）
④ 会社の成長スピード・変化に人事評価シートの変更が追いつかない

こうしたデメリットをなくすためには、**「評価者」と「評価面談」の改良に時間をかけることが有効**です。それにより、社員の納得感が高まります。

「〇〇課長には評価されたくありません」のセリフに負ける

部下の放つ「〇〇課長には評価されたくありません」といったセリフには、精緻な人事評価シートを無力化する力があります。

重要なのは「人事評価シート」ではなく、「評価者」と「評価面談」です。この2つをしっかりと改良できていないうちから「人事評価シート」の設計や改善に着手することにはリスクしかありません。

「適切な評価者」が評価をし、「適切な評価面談」が実施されていれば、それらの実現のためのツールでしかない「人事評価シート」は、最低限の納得感と公平感が得られるようにつくってあればそれで十分なのです。

まずは評価者の選定

どのような上司に評価されれば部下は納得するのか？　大前提として、**部下から信頼・尊敬されている上司が評価を行うべき**でしょう。ポイントをひとつずつ見ていきます。

まず部下からの信頼ですが、これは部下からの信頼を失うような言動をしていないことが条件となります。

図2—29に、部下からの信頼を失ってしまいがちな上司の言動20個を示しています。この部下からの信頼度診断シートで、「上司の上司」である社長の評価、上司本人の自己評価、さらに可能であれば、部下が上司を評価する部下評価を実施し、上司の部下からの信頼度を評価しましょう。

2-29　部下からの信頼度診断シート（評価者:社長・本人・部下）

		ついついやってしまうかも	気をつけないとやってしまう	絶対やらない自信がある
Q1	部下の悪口、陰口を言ってしまう	□	□	□
Q2	自分の間違いを部下に対して認めない	□	□	□
Q3	部下に嘘をついてしまう	□	□	□
Q4	特定の部下をえこひいきしてしまう	□	□	□
Q5	言うこととやることが違う（言行不一致）	□	□	□
Q6	部下のせいにする	□	□	□
Q7	部下の手柄を横取りする	□	□	□
Q8	トラブル時に逃げてしまう	□	□	□
Q9	差別的な発言をする	□	□	□
Q10	部下との秘密を言ってしまう	□	□	□
Q11	部下との約束を忘れてしまう	□	□	□
Q12	若い頃の自分と部下を比較し怒ってしまう	□	□	□
Q13	部下の話を最後まで聴かない	□	□	□
Q14	恩着せがましい	□	□	□
Q15	部下の目を見て話さない	□	□	□
Q16	社会規範、行動指針、社内ルールを守らない	□	□	□
Q17	上司と部下で態度を変えてしまう	□	□	□
Q18	部下に愚痴、不平、不満を言ってしまう	□	□	□
Q19	知らないことを「知らない」と部下に言えない	□	□	□
Q20	部下に威張ってしまう	□	□	□

評価の結果、部下から信頼されてない上司には評価権限を与えず、信頼回復に努めてもらいます。

そして、社長からの再三の指導にも関わらず信頼度が回復できない上司には、部下をつけずに本人の強みを活かしてもらう方向で活躍してもらうしかありません。

部下からの尊敬については、**部下よりも仕事ができることが必要**です。営業職ならば部下よりも営業力がある、技術職ならば部下よりも技術力がある人が上司になり、部下を評価するようにします。

万が一、部下よりも営業力や技術力がない上司が評価者になっている場合は、評価者から外れてもらいましょう。

なお人事異動等で、実力のある上司がこれまで経験したことのない職種に移り、そこでの部下をまだ実力が伴っていない状態で評価せざるを得ない場合には、その部門で専門スキルが一番高い社員の意見を参考にすることで、適切な評価をすることが可能となります。

このようにして、部下からの信頼と尊敬のある上司が評価をすれば、やや極論ですが部下は「○○課長に評価されるのであれば、どんな結果でも納得できます」といった感じになり、納得感も高まります。（評価者選定の詳細➡第3章③）

評価面談は四半期に1回は行う

そうして「適切な評価者」を選定したあとに、「適切な評価面談」を運用します。

みなさんの会社では、評価面談を年に何回実施していますか？

……おそらく、1回か2回の会社が多いのではないでしょうか。

しかし、**社員の評価への納得感を高めるには、年に1回か2回ではなく、四半期に1回は実施する必要があります**。つまり、最低年4回です。

評価面談にあてる時間も、1人あたり15分~30分ではなく、1時間以上実施したほうが効果的です（評価面談の詳細➡第3章③）。

これが正しい考え方

精緻な人事評価シートは必要ありません。部下の納得感を高めるために重要なのは「評価者」と「評価面談」です。部下から信頼・尊敬されている上司が評価を行い、四半期に1回以上、各回1時間以上の評価面談を実施すれば、そのほうが効果的です。

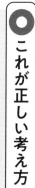

7 成果を出した人には、高い給与を支払う

成果の測定が公平にできずうまくいかない

成果を出した社員には高い評価をつけ、当然に給与もたくさん支給する。

合理的で正しそうな仕組みですが、**この仕組みがうまく機能するには個々の社員の成果測定を正確かつ公平にできることが必要**となります。それができていない場合には、社員の納得感を得られないやり方なので注意が必要です。

たとえば営業職の社員であれば、数字で結果が出ますから成果測定は正確にできそうです。

しかし、実際にはなかなか正確には評価できません。

個人で稼いだ売上や粗利などを評価の対象とする場合を考えてみると、売上を稼ぐ条件が社

員全員にとって公平でなければ、成果の測定が正確にできません。たとえば担当するセールスターゲットが売れるターゲットと売れないターゲットに分かれていた場合などは、社員は評価が一律で公平だとは思わないはずです。ターゲットごとに難易度係数を設定し、それらを加味して成果を測定。その後に評価することが必要となります。

担当しているお客様に有利な点や不利な点がある場合も、同様に問題となります。社員ごとにお客様を公平に割り当て、成果を測定、そのうえで評価しない限りは、本当に公平な評価はできないのです。

こうした細かい調整を行うには大変な手間がかかりますし、たとえ難易度係数や割り当てで調整したところで、それでも完璧に公平な条件を用意できるわけではありません。

そして、結果が数字で出るのでわかりやすい営業職ですら難しいのですから、他の職種では本当に公平な評価など望めません。

つまり、**高い成果を出した人は評価を高くし、高い給与も支払うという仕組み・考え方は、人事評価の際に有効なものではない**のです。

仮に公平にできてもリスクは残る

また、**仮に難易度係数による調整で公平に運用できたとしても、減給の仕組みがなければ、その仕組みは機能しなくなるリスクが高い**でしょう。

成果を出して給与が上がった社員が、その翌年度に成果が出せなかった場合は評価が下がります。そのとき、減給評価がない会社では、該当の社員に高い給与を払い続けることになります。2年後にも成果が出なければ、その間の給与は完全にもらいすぎになってしまいます。

成果を出した社員には、高い給与でなく賞与で清算

2章④でも解説したとおり、人事評価では過去と未来しか見ません。今期の1年間頑張って成果を出した「過去の成果」と、来期の1年間も成果を出す「将来への貢献」の2つで評価するのです。

このうち**「過去の成果」に対しては、給与や固定賞与（支給額や支給月数が固定の賞与）で報いるか、業績連動賞与で清算するかを決める必要があります。**給与をすぐに上げてしまって

は払いすぎのリスクが生じるため、比較的柔軟に金額を調整できる業績連動賞与で報いるようにするのがお勧めです。

ひと昔前であれば、「過去の成果」と「将来への貢献」は同じでした。今期成果を出した社員は、来期にも同様の成果を出せると高い確度で予想できました。

しかし、いまはVUCA（Volatility：変動性、Uncertainty：不確実性、Complexity：複雑性、Ambiguity：あいまい性の4つの頭文字を並べた略語）な時代です。「過去の成果」と「将来への貢献」が同じレベルになる可能性は高くありません。そうであるならば、「過去の成果」に関しては業績連動賞与で清算する、という考え方をするほうがいいのです。

給与ではなく業績連動賞与であれば、先ほど触れた「成果を出した社員が翌年度に成果を出さなかった場合に備えた減給の仕組み」を整備する必要もなくなります。社員本人にとっても、ジェットコースターのように上下する給与評価に一喜一憂しなくてすみます。

成果を出した場合には、今期の業績連動賞与で清算したほうが、社長も社員もスッキリするのではないでしょうか？

さらに言えば、営業職の社員の今期成果については業績連動賞与で成果の清算をし、給与については、来期以降も成果を出し続けられる能力があるかどうかを評価して給与を決める評価制度のほうがよいと思います。

これが正しい考え方

成果を出した社員には、高い給与ではなく業績連動賞与で報います。「過去の成果」に関しては、業績連動賞与で清算するという考え方がお勧めです。将来、貢献してくれそうな社員には高い給与を払いましょう。

勘違い

8

成果を出した人は、管理職に昇進させる

管理職への昇進にはリスクがある

人事評価ではよくあるケースですが、成果を出した社員を高く評価し、管理職に昇進させることがあります。

しかし、成果を出したその社員は、いちプレイヤーとしての力量はあっても、部下のマネジメントには向いていない可能性があります。そうした社員を安易に管理職にしてしまうと、次のような3つのリスクが発生する可能性がありますから、慎重に評価することが必要です。

リスク1：部下からの信頼が低い管理職だと、部下のモチベーションが下がってしまう

成果を出して管理職になった人が、図2―29「部下からの信頼度診断シート」（➡2章⑥）で紹介した項目に該当するようなことをしてしまう人だと、その上司への部下からの信頼は失われます。

その結果、部下のモチベーションが下がります。

リスク2：部下に興味・関心がない管理職だと、部門がバラバラになってしまう

個人で成果を出す人の中には、自分の成果や能力の向上には興味があっても、他人には興味・関心がない人もいます。そのような人が上司になると、部下とのコミュニケーションを十分にとらず、指示・命令だけで部下を動かそうとします。

部下が上司の言うとおりに動くわけはないので、チームワークが機能せず、部門がバラバラになってしまう危険性があります。

リスク3：部下への熱意がない管理職だと、部下がついてきません

自身の個人目標達成のためには強い熱意を持って努力するけれども、部下への指導や部門のマネジメントへの熱意は不足している、という人もいます。

そのような人が上司になると、部下の育成に時間を割かなかったり、全員の心をひとつにする努力もしなかったりして、結果として部門がまとまらず、組織として機能せずに崩壊してしまうリスクがあります。

人望がある人を管理職に昇進させる

図2―30の西郷隆盛の名言「功ある者には禄《ろく》を与えよ、徳ある者には地位を与えよ」にもあるように、**成果を出した人には管理職への昇進で報いるのではなく、前項でも紹介した業績連動賞与の支払いで報いたほうが効果的**です。

そうしないと、部下から信頼されない人や、他人に興味・関心がない人、部下育成やマネジメントに熱意がない人が上司になり、本人も苦手な仕事が増えてありがた迷惑でしょうし、部門の成果も出にくくなります。最悪の場合には多くの退職者が出るなど、組織崩壊のリスクま

2-30　功ある者には禄を与えよ、徳ある者には地位を与えよ（西郷隆盛）

功ある者には禄を与えよ、
徳ある者には地位を与えよ

禄（ろく）とは、仕官している者へ給与された金銭・物資のこと。平たく言えば、労働者への給料だ。

したがって、西郷隆盛のこの言葉をわかりやすく言い換えると『手柄を立てた人間には給料で報いて、能力がある人間には地位を与えることが大切』となる。

手柄を立てた人物が、継続して功績を残せるかは本人の能力次第だ。1度の手柄で上位の役職を与えてしまうと、その人物に能力がなかった場合、組織運営に悪影響を及ぼす。

西郷隆盛はそのように考え、部下に報いる手段として給与と地位を使い分けていたのであろう。

【偉人が残した名言集】より
www.greatman-words.com

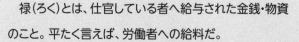

で招いてしまいます。

管理職には、成果を出すだけではなく、人望がある人を昇進させるような昇進評価制度を設計・構築することが重要です（詳細➡第2章④）。

これが正しい考え方

成果を出しただけで管理職に昇進させるのはリスクが高いので、やめたほうがいいでしょう。管理職への昇進では成果に加え、社長の譲れない想いへの賛同、部下から信頼・尊敬されているかどうか、部下への熱意等も評価できる昇進評価制度が必要です。

勘違い

9

人事評価制度は目標管理制度と連動させるとよい

目標達成率での成果評価はリスクが高い

次ページの図2―31をご覧ください。人事評価項目には、能力評価・情意評価・バリュー評価・コンピテンシー評価・職務評価・成果評価などがあります。一般的には、これらの中でも成果評価のウエイトが高いケースが多いです。

そして、成果評価の方法には、目標達成率で成果を測定する「目標管理制度」に連動した評価方法が、当たり前のように採用されている会社が多いです。

しかし私に言わせれば、これは危険な勘違いです。

この**目標管理制度と成果評価の人事評価システムを連動させる方法は、合理的で運用しやす**

2-31 人事評価要素と評価制度

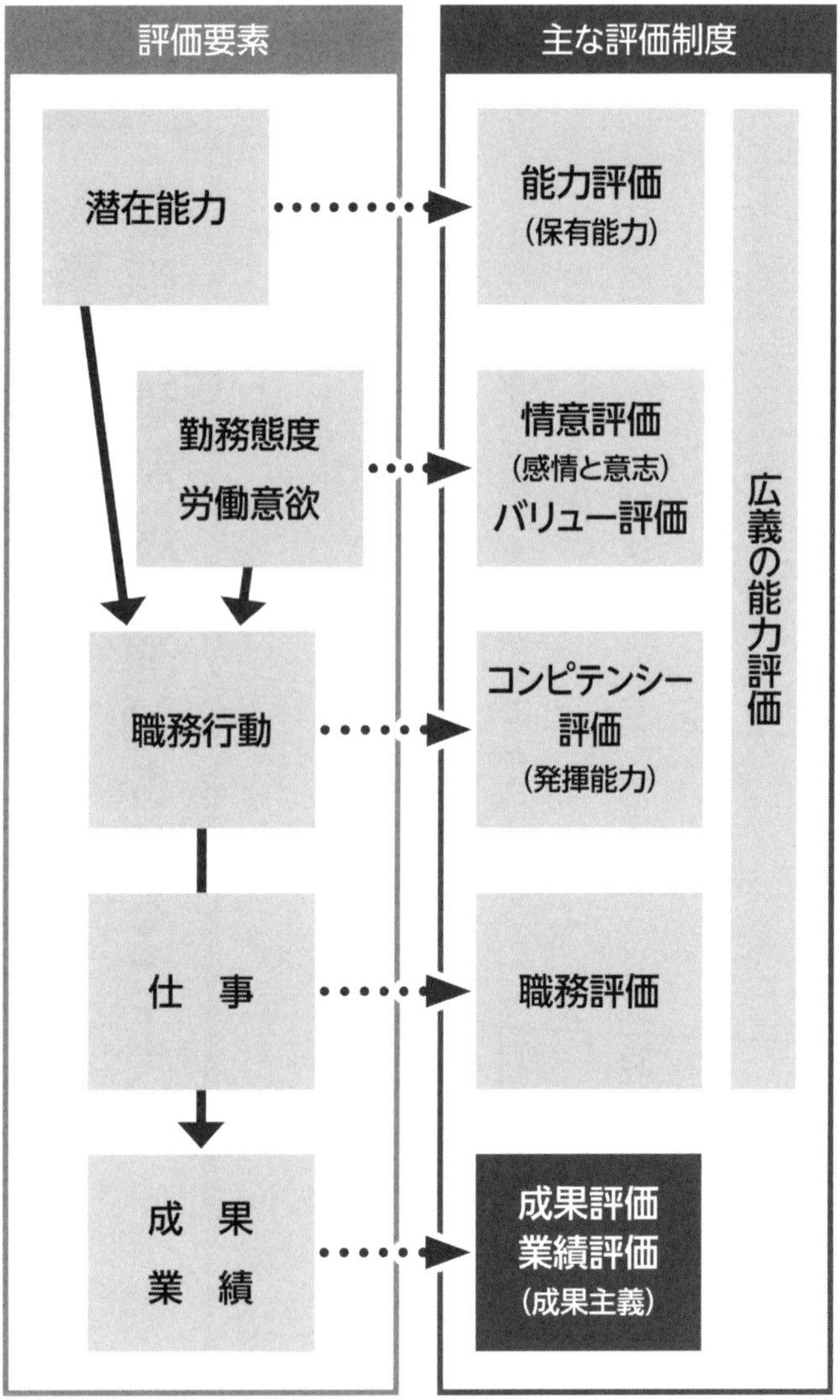

2-32　目標管理連動型の成果主義人事評価制度はなぜうまくいかないのか?

目標管理連動型の
成果主義人事評価制度は
なぜうまくいかないのか?

↓

公平な成果の測定と評価ができないから

い反面、致命的な結果を会社にもたらすリスクも高い選択なので、仮に導入するにしても慎重のうえにも慎重な検討を経てから決定することをお勧めします。ベターなのは、そもそも導入しないことです。

成果評価中心の成果主義人事制度は失敗する

目標管理制度では、一般に一定の期間における社員の成果を「目標達成率」で測定します。そのうえで「目標達成率」に「難易度係数」を乗じ、公平な評価を目指します。

しかし何度も述べてきているように、公平な成果の測定と評価というものは、そもそも非常に難しいものです。

たとえば、目標管理制度でそれぞれの上司が設定

2-33　目標達成率と難易度係数では公平にはならない

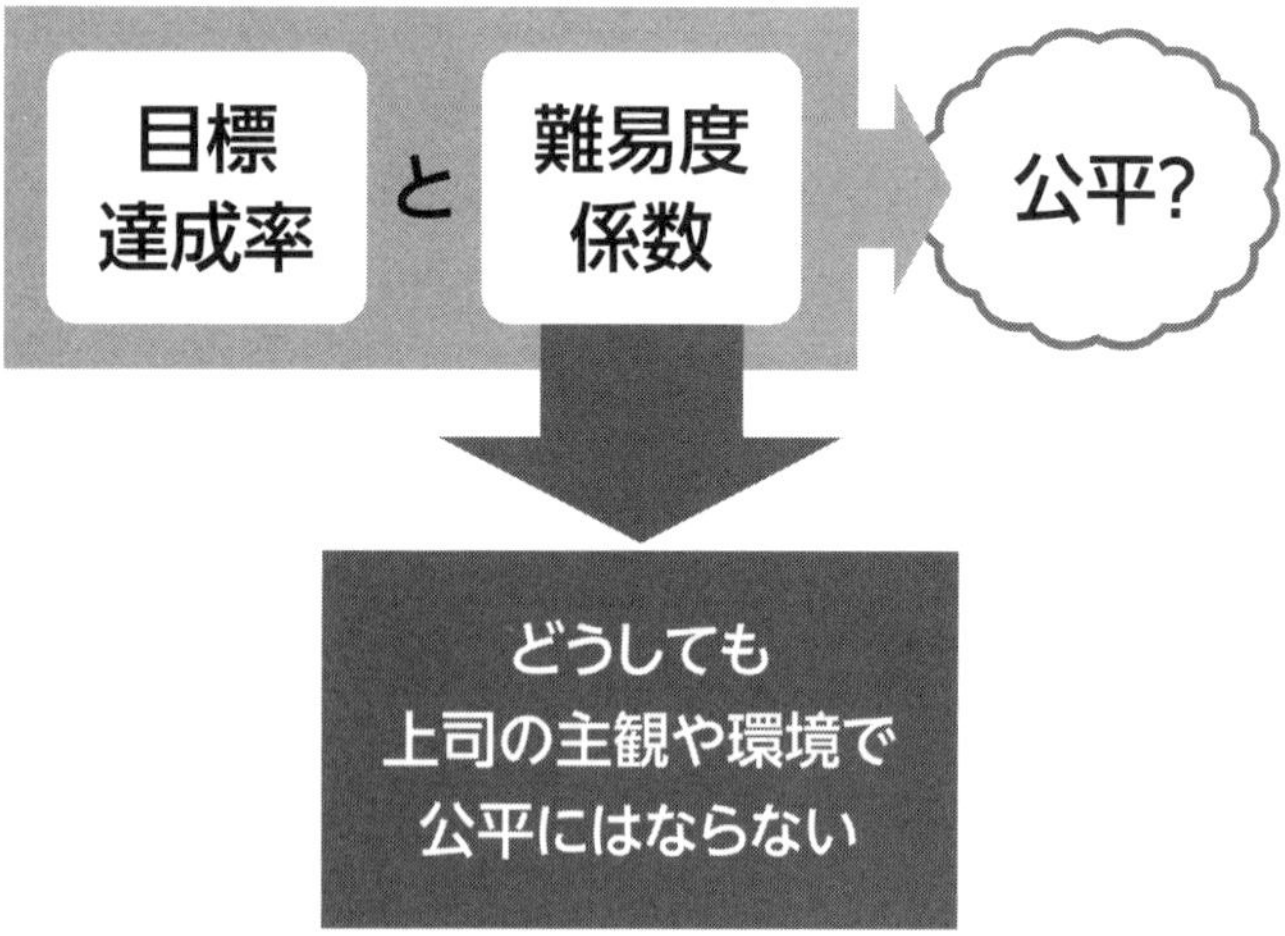
目標
達成率
と
難易度
係数
公平?
どうしても
上司の主観や環境で
公平にはならない

する「難易度係数」では、特定部門内の部下はともかく、管理職同士の間で公平に難易度係数が設定されているかは担保されていません。厳しい上司と甘い上司とでは「難易度係数」が同じ基準にならないので、**どの上司の下につくかの運・不運で、それぞれの社員の目標達成における難易度が異なってしまいます。**

簡単な目標を１００％達成した社員Aさんは、昇給額が高く、賞与もたくさんもらえます。一方、難しい目標にチャレンジし達成率70％の社員Bさんは、給与が上がらず、賞与も少なくなります。社員Bさんは社員Aさんをうらやましく感じ、成果評価への不満が溜まるでしょう。

このように、公平な成果の測定と評価が難しいことから、目標管理制度に連動した形の成果主義人事制度はうまくいかず、**実際に多くの企業で問題を起こしてきました。**

全員が目標を達成しても会社の業績はよくならない

目標管理制度連動型の成果主義人事制度を継続的に運用していくと、ほかにもさまざまな問題が起こってきます。

たとえば先ほどの社員Bさんの場合、不公平な評価に不満が溜まった本人は、2年目の目標設定を甘くしたくなるでしょう。直属の上司もその希望に同調しやすくなります。

次ページの図2—34をご覧ください。目標管理制度で行われる目標設定のミーティングでは、社員Bさんから「昨年度は自分の目標は難しかったので達成できなかった。それで給与が上がらないのはおかしい！」と会社や上司への不満が述べられるでしょう。すると上司も、部下の達成率が低いままでは上司自身も低い評価を受けますし、部下のモチベーションを維持しようとする意味でも「そうだね、確かに今期の目標は高すぎたのかもな……。来期は少し目標を下げようか」などと、部下に対して同調しやすくなります。

2-34　しばらくすると全員が目標達成!
しかし、会社の業績は低迷

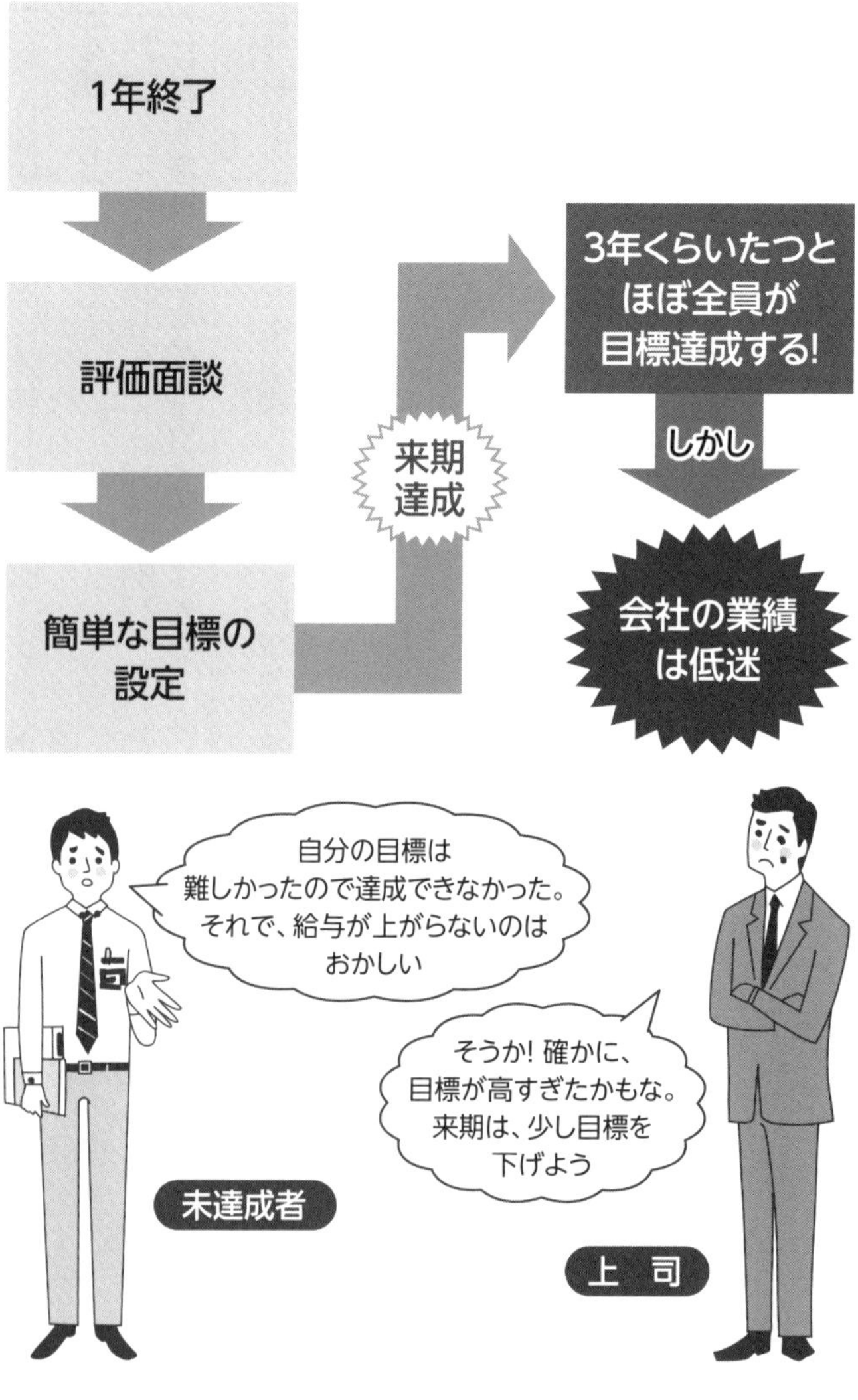

そうすると、社員Bさんも2年目は目標を達成します。このような運用を続けていけば、いずれは全員が目標を達成することになるのです。

ただし、そのときには低い目標を全員が達成することになるので、全社の業績は往々にして悪化します。**業績は悪いのに、全員が目標を達成しているので昇給額は多くしなければならず、総額人件費の上昇が経営を圧迫するという矛盾が生じてしまう**わけです。

これが、目標管理制度に連動した成果主義人事制度を継続運用する際の最大のリスクです。

なお、さらに成果主義人事制度に興味のある方は、『内側から見た富士通「成果主義」の崩壊』（城繁幸・著／光文社／２００４年）に詳しいので、そちらをお読みになって頂くことを勧めます。

それ以外にもリスクがある

目標管理制度連動型の成果主義人事制度には、公平な成果評価ができないという高いリスクがありました。さらに、それ以外にもリスクがいくつか存在するので、それらについても紹介しておきましょう。図2―35の2番以降をご覧ください。

2-35　成果評価のリスク

1	公平かつ適切な成果評価ができないので、社員がモチベーションをなくす
2	成果中心になるので、上司・先輩が部下・後輩を育てなくなる
3	社員同士の人間関係が悪くなるので、職場の雰囲気は悪化する
4	管理職が自部門のことばかり考えるので、全社最適にはならない
5	管理職や社員が短期指向になる

リスク2：上司・先輩が部下・後輩を育てない

成果を出さないと自分の給与・賞与が上がらないので、社員はどうしても自分の成果にしか目がいかなくなりがちです。新入であればそれでも問題ないのですが、それが上司や先輩になると、彼らが部下・後輩の育成に積極的になりづらいというリスクが出てきます。

部下や後輩の面倒を見ながら、育成にも時間を使い、そのために自分の目標が達成できなくなれば、上司や先輩社員の給与・賞与は上がらず本末転倒です。

さらに言えば、後輩や部下を育てることで、長期的には社内で自分の仕事を代行できる競争相手をつくることになりかねませんから、上司や先輩社員にとっては個人成果達成の阻害要因になりかねません。

自己犠牲の精神が高く部下想いの上司であれば、こうした残念な思考回路には陥らず、ある程度までは部下・後輩の育成にも時間やエネルギーを投資してくれます。しかし、彼らもさすがにいつまでも自己犠牲は続けられません。

普通の上司であればすぐに、部下想いの上司であっても次第に、部下の育成よりも自分の個人目標達成のために時間やエネルギーを使うことになります。

こうした要因により、**社内の人材育成に根本的な問題を抱えることになりかねない**のです。

リスク3：社員同士の人間関係が悪くなるので、職場の雰囲気が悪化する

先ほどの上司・先輩だけでなく、すべての社員が自分の成果中心になりますから、**この制度の下では一般に同僚に対しての関心が薄くなります**。なかには他人の成果を奪い、自分の成果にしてしまう社員も出てきます。

また、会社の業績が拡大しない限りは総額での人件費を増やすことはできません。会社がそういう状況にあると、成果主義人事制の下では、成果の達成率が高い社員は成果が出ていない社員の給与・賞与を奪うことで、給与・賞与が高くなるという関係になります。

その結果、**社員同士の人間関係が必然的に悪くなり、職場全体の雰囲気も悪化しがち**なのです。

リスク4：全社最適でなく部分最適になりがち

目標管理制度連動型の成果主義人事制度では、管理職は自部門の成果を上げることばかり考えるようになります。そうしないと、自分の給与・賞与が上がらないからです。

他部門の成果に貢献しても、その成果は評価されません。結果、**全社最適指向にはならず、部門最適中心の管理職ばかりになってしまう**、というリスクがあります。

社長は、すべての管理職に全社最適指向になってもらいたいと願っているかと思いますが、その社長の望みは叶いません。叶えたければ、目標管理制度連動型の成果主義人事制度をやめるしかないのです。

リスク５：管理職・社員が短期指向になる

さらに、目標管理制度連動型の成果主義人事制度では、今期の目標達成率で成果評価をされるので、**管理職・社員がいずれも短期指向になってしまいます**。特に今期に種をまいて、来期以降に刈り取るような長期指向の仕事はしなくなります。

先ほどの全社最適指向と同様ですが、社長はすべての管理職・社員に、短期的な視野だけでなく長期的な視野でもビジネスを見てもらいたいと願っているものです。しかし、社長のその望みも叶いません。全社最適同様に、叶えたければ目標管理制度連動型の成果主義人事制度をやめるしかありません。

このように「目標達成率」に「難易度係数」を乗じて成果を測定する成果評価１００％の成果主義人事制度には、多くのリスクが発生します。そのため、正直なところ導入はお勧めできません。

これが正しい考え方

目標管理制度に連動した成果評価を導入すると危険です。公平な成果の測定と評価ができず、社員のモチベーションが下がるなどのリスクが発生するからです。成果には業績連動賞与で報いたり、目標達成率以外の項目で成果評価したりすることをお勧めします。

勘違い

10 人事評価シートは5段階評価が基本

5段階だと評価しにくい

人事評価シートは、なぜか「S・A・B・C・D」や「1・2・3・4・5」の5段階評価の場合が多いです。どうしてなのでしょうか？　5段階評価のほうが精緻に評価できるからなのか、差をつけたりしやすいからなのか、明確な理由は不明ですが、ほとんどの会社は5段階の人事評価シートを使用しています。

しかし、実は**5段階評価は評価がしにくく、評価差も発生しやすい評価方法**です。

評価をするときに「2」にするか「3」にするか、「4」にするか「3」にするかを悩む上司は多いです。厳しい上司は「2」を、甘い上司は「4」をつけやすいので、精緻な評価ができそうで意外にできません。

さらに、部下と上司の評価差も発生しやすいです。上司が「3」をつけているのに部下が「4」だったりすると、評価面談で悲劇が起きます。「○○さん、なんで『4』をつけたの？　あなたの実力で『4』はあり得ないでしょう……」と長い説教が始まります。

部下のモチベーションは下がりっぱなしですし、最悪の評価面談になってしまいます。

3段階評価がいい

5段階ではなく「○・△・×」や「1・3・5」のような3段階評価なら、先ほどの問題はなくなります。

「3」か「4」かで悩んでいた甘めの上司は「3」をつけますし、「2」か「3」かで悩んでいた厳しめの上司も「3」をつけます。

自己評価が高い部下も「3」をつけ、上司との評価差が発生しません。

3段階評価でも社員間の差はつきますし、人事評価結果の給与への反映も問題なくできます。図2―36をご参照ください。

2-36　5段階評価ではなく3段階評価

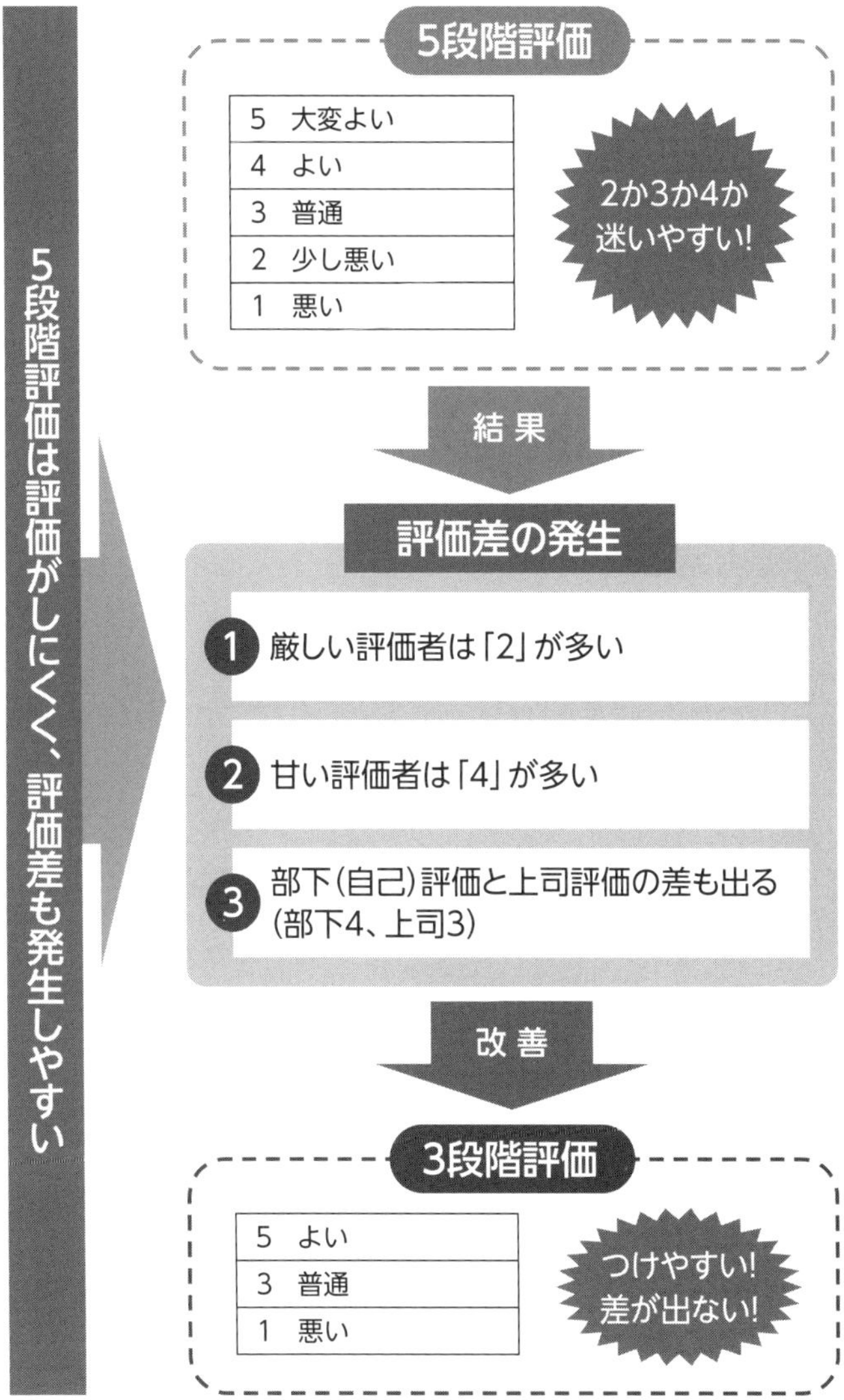
5段階評価は評価がしにくく、評価差も発生しやすい
5段階評価
5　大変よい
4　よい
3　普通
2　少し悪い
1　悪い
2か3か4か迷いやすい!
結果
評価差の発生
1 厳しい評価者は「2」が多い
2 甘い評価者は「4」が多い
3 部下(自己)評価と上司評価の差も出る(部下4、上司3)
改善
3段階評価
5　よい
3　普通
1　悪い
つけやすい!差が出ない!

2-37　人事評価結果の昇給・減給への反映例
（絶対評価と相対評価）

各人の評価点数を集計し、順位表を作成します。絶対評価で昇給する・しないを決める場合には、図2―37に示すとおり100点満点中50点以上をとれば昇給、50点未満なら現状維持という基準を設定すれば、わかりやすく給与への反映ができます。

一方、相対評価で決めるのであれば、こちらも図2―37に示すとおり上位2割が大幅な昇給(2ランクアップ以上の昇給)、真ん中6割が標準的な昇給（1ランクアップの昇給)、下位2割は現状維持か減給という基準を設定して、それに沿って給与への反映をすればOKです。

わかりやすく、余計なトラブルを防止できるので、人事評価といえば5段階という常識を取り払い、3段階評価を導入することを私は強くお勧めします。

これが正しい考え方

人事評価シートは5段階評価ではなく3段階評価で十分です。上司も部下も評価しやすくなり、上司と部下とで評価差も発生しません。3段階評価でも社員間の差はつけられますし、給与への反映もできます。

勘違い 11

給与と賞与、どちらにも同じ人事評価シートを使える

考え方によって変わってくる

給与と賞与、どちらにも同じ人事評価シートを使っている会社は多いのですが、これは、場合によって使い分けるほうが効果的です。

第2章の④でも紹介したとおり、給与と賞与の人事評価シートを作成する前に、まず「給与と賞与についての社長の考え方」を事前に決めておきましょう。

人事評価には過去と未来しかありません。過去というのは、今期1年間の成果をどう評価するのかという「過去の成果への評価（清算）」のことです。一方で未来というのは、来期以降にどのような貢献をしてくれるかを評価する「未来の貢献への評価」のことです。この2つをど

う考えるかで、給与と賞与の評価設計が決まってきます。
設計の際のパターンを2つ紹介しましょう。

パターン1：「過去の成果評価」と「未来の貢献評価」が同じ場合

次ページの図2―38をご覧ください。今期1年間の業績向上に貢献した社員が、来期以降も同じように業績貢献できることが多い場合です。

この場合、成果評価・能力評価を中心にした同じ人事評価シートを活用し、給与と賞与を決めてもよいでしょう。給与は、評価結果を踏まえて賃金テーブルや号俸表に定められたランク数や号数がいくつ上がるかで決定します。賞与については基礎（ベース）賞与に人事評価結果を踏まえて加算・減算し、賞与月数を決めるのが一般的です。

具体的な賞与の決め方の例を次に示しておきます。

◆基礎（ベース）賞与：1・5ヵ月

◆人事評価結果での変動部分：マイナス0・5ヵ月～プラス0・5ヵ月

2-38　給与と賞与の決め方パターン1:
過去の成果評価=将来への貢献評価

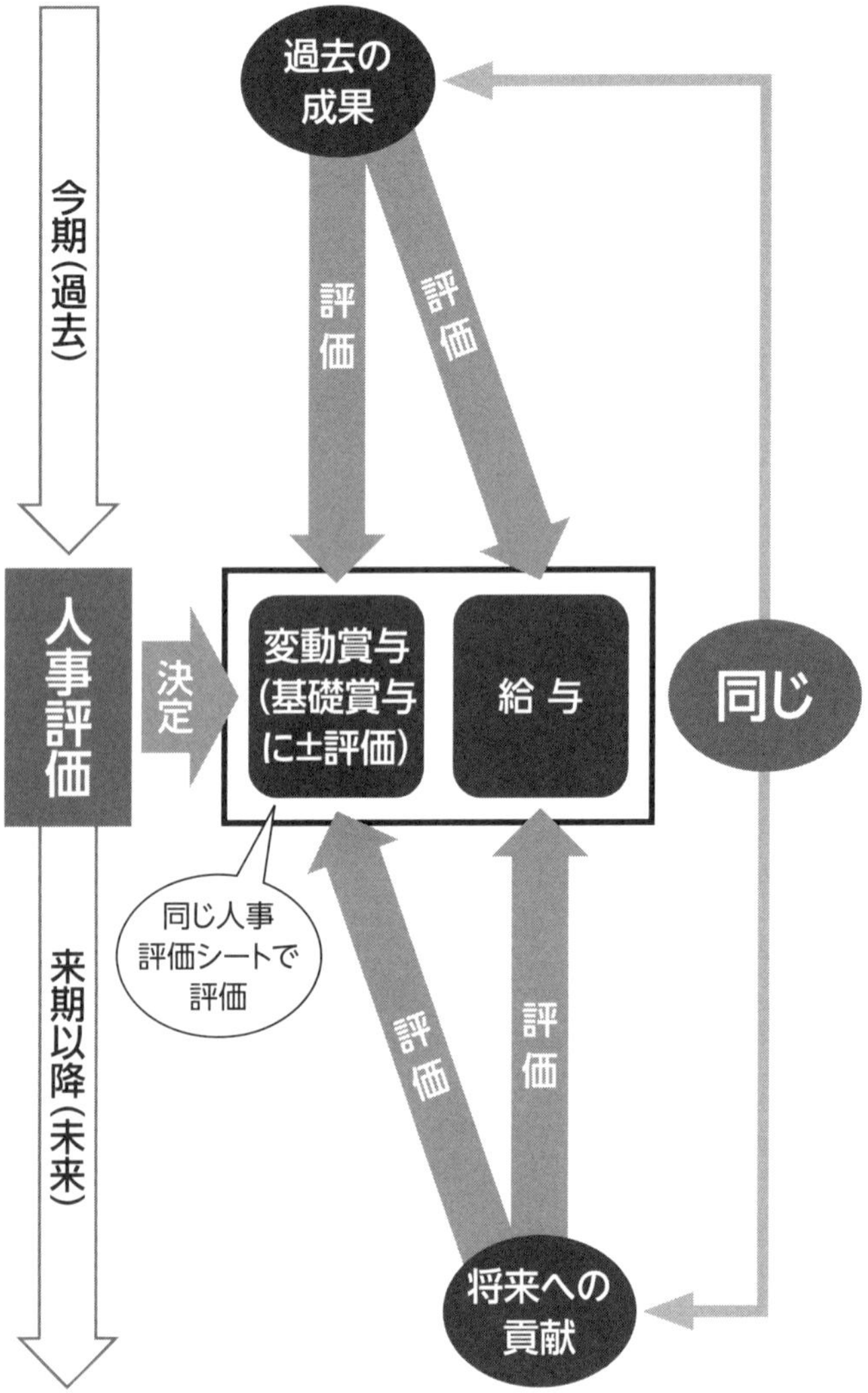

◆基礎（ベース）賞与と評価結果の変動部分の合計月数：1ヵ月～2ヵ月

この例だと、もっとも評価が低い社員が賞与1ヵ月、もっとも評価が高い社員が賞与2ヵ月となります。

パターン2：「過去の成果評価」と「未来の貢献評価」が違う場合

VUCAな現代では環境変化が激しいので、主力商品や事業も速いスピードで変化していきます。そうすると、過去に成果を上げられていた社員が、未来にも同じように成果を上げられるかどうかの不確実性が高くなり、わからなくなります。そうした場合には、このパターン2の決め方を採用するほうがベターです。

図2―39をご覧ください。今期1年間の業績向上に貢献した社員が、来期以降も同じように業績貢献できるかわからない場合には、「過去の成果評価」と「未来の貢献評価」の結果が異なりますので、同じ人事評価シートで評価すると社員の適正な評価ができなくなってしまいます。

給与については来期以降にも会社に貢献できる能力を保有しているかどうかや、その力を発

2-39　給与と賞与の決め方パターン2:過去の成果評価≠将来への貢献評価

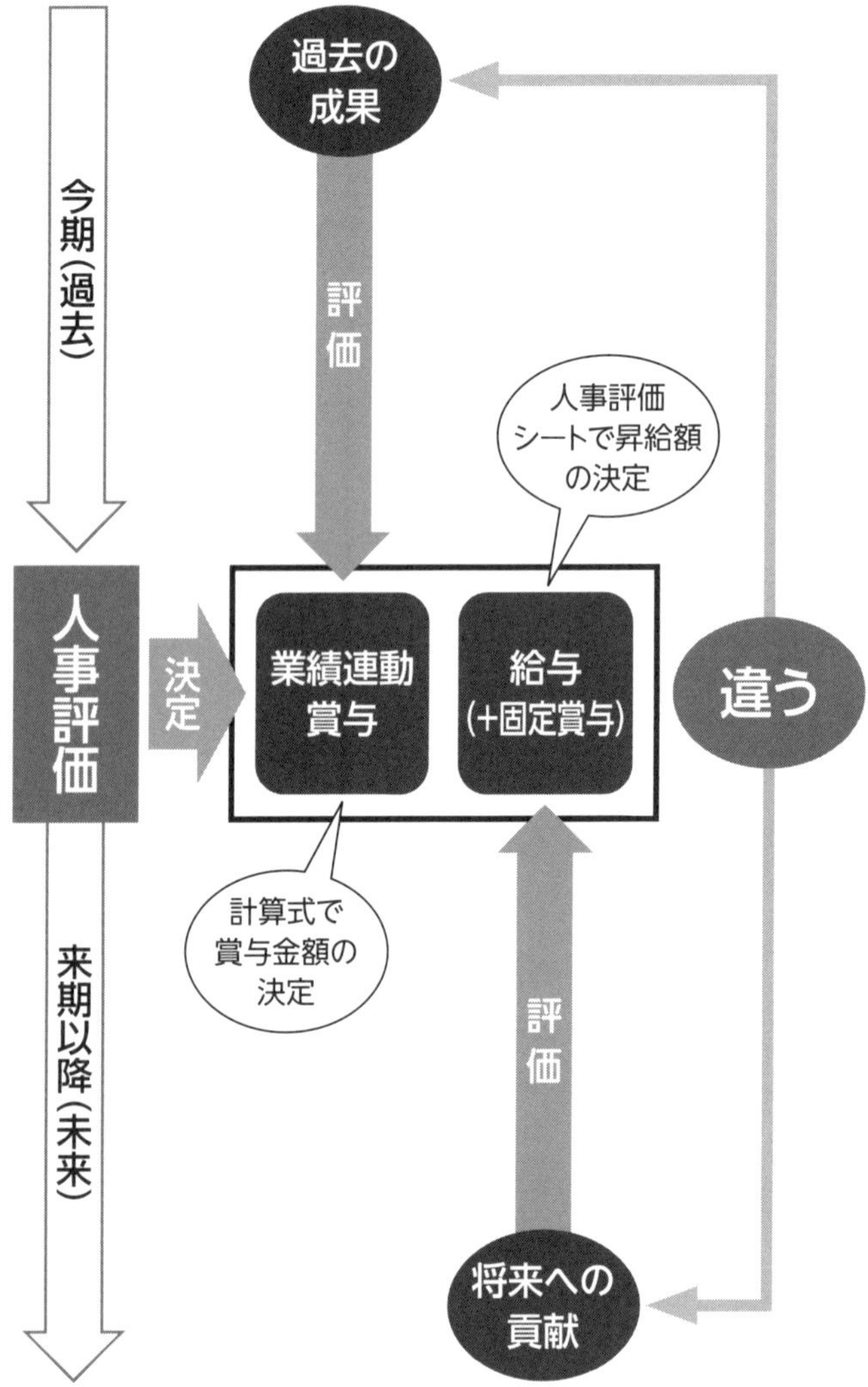

揮できそうかどうかを中心に、能力評価をしたほうがいいでしょう。評価結果の昇給への反映は、先ほどのパターン1と同様で問題ありません。

賞与については、「過去の成果の清算」と割りきって、業績連動賞与だけにしてはいかがでしょうか？

次ページの図2―40に示すように、業績連動賞与には個人賞与・部門賞与・全社賞与の3つがあります。それぞれについてさらに詳しく解説しておきます。

業績連動の個人賞与

業績連動の個人賞与は、すでに営業部門へのインセンティブとして支給している会社も少なくないでしょう。基本的には次に示す手順で設計します。

ステップ1：支給条件の設定
ステップ2：支給対象者の設定
ステップ3：支給対象者別の算定式の設計

2-40　賞与体系の例

賞与

- **固定賞与**
  - ◆支給を保証する賞与
    （例：夏1ヵ月、冬1ヵ月の支給）
  - ◆支給しない企業もある
- **変動賞与**
  - ◆業績連動賞与（業績に連動して支払う賞与）
  - ◆個人賞与・決算賞与（決算月に利益が出たら全社員に支給する賞与）とも呼ぶ

業績連動賞与

- **個人賞与**
  - ◆個人の成果に連動して支給する賞与
    （営業部門等、個人の業績が明確に把握できる部門の社員が対象になる）
  - ◆間接部門の社員にも支給することはできる（直接部門からもらう）
  - ◆全社目標が達成しなかったときに支給するかどうかがポイント
- **部門賞与**
  - ◆部門目標達成時に、部門の社員全員に支給する賞与
  - ◆自分で配属が選べない場合は支給しないほうがよい
- **全社賞与（決算賞与）**
  - ◆全社売上・利益目標を達成したときに、全社員に支給する賞与
  - ◆決算賞与とも呼ばれる
  - ◆一律型支給か個別評価型支給の2つの方法がある
    - ●全社員一律○万円、
      管理職○万円・一般社員△万円
    - ●個別に評価し支給金額を算定する

まずはステップ1で支給条件を設定します。特に**会社全体が赤字の場合にどうするか**を決めておきます。

業績連動の個人賞与は、成果を出した社員への成果の清算ですが、全社の経常利益が赤字の場合にも支給するかどうかは悩ましい判断となります。

個人の成果の清算なので、全社経常利益が赤字の場合でも支給すべきだという考え方もありますし、個人の成果の清算ではあっても、全社経常利益が出ていないのならば無理して出すべきではないという考え方もあります。

私のお勧めは後者の考え方です。その場合の業績連動の個人賞与には、支給条件に「全社経常利益または営業利益が●000万円以上の場合に限って支給する」といった条項が加わります。

ただし、トップセールスに業績連動の個人賞与を支給しないと退職してしまう可能性が高いとか、支給しないと営業部門やマーケティング部門の士気が大きく下がりそうだ、などのリスクが予見できる場合には、資金に余裕を持てる範囲で支給する選択肢ももちろんありえます。

2-41　間接部門（後方支援部門）の業績連動賞与

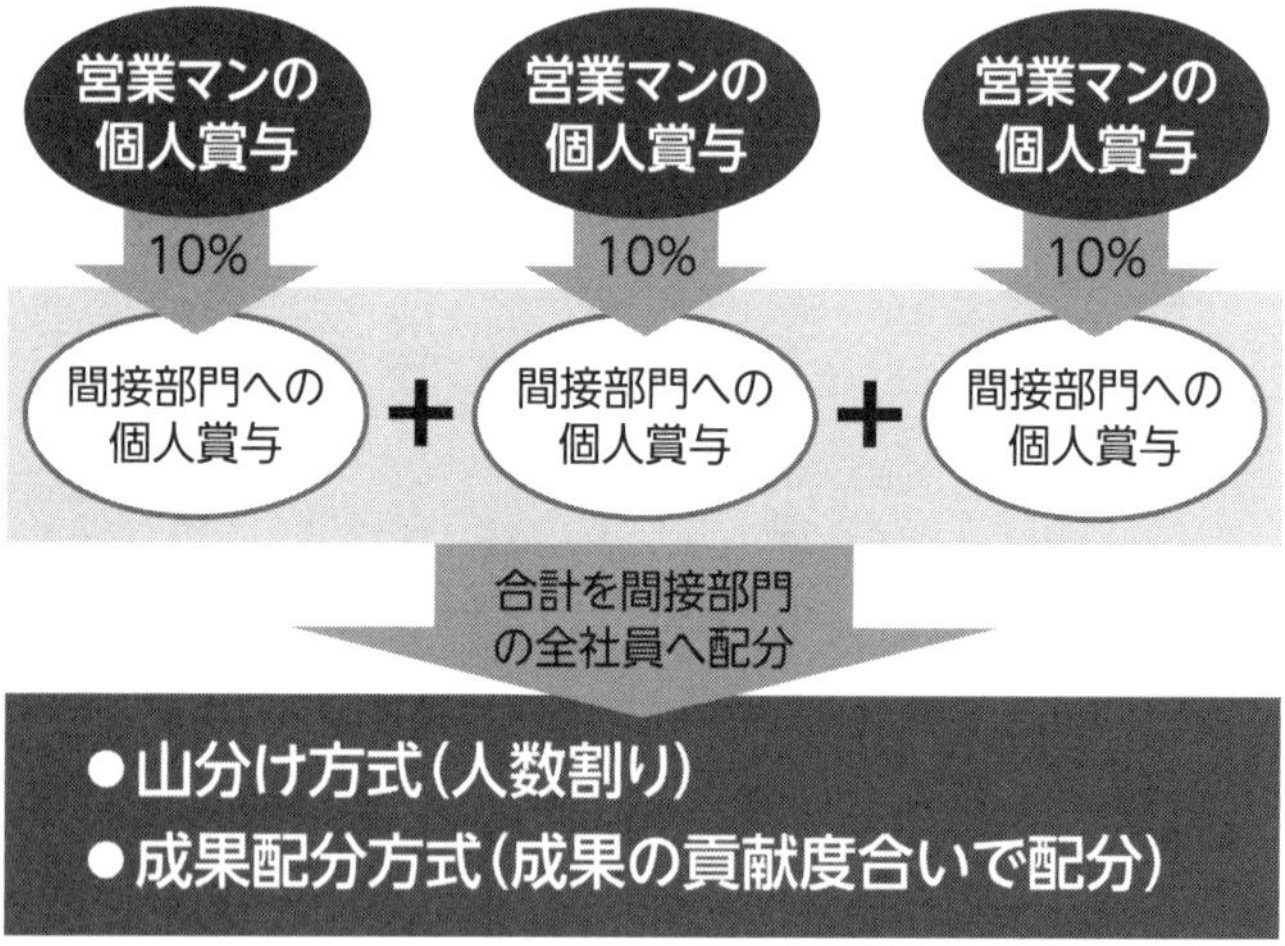

次に、ステップ2として支給対象者の設定もしましょう。

一般的には、売上への貢献が個人別に明確になる営業職・マーケティング職の社員は支給対象者です。

悩ましいのが、前線で成果を出している職種の社員を、後方で支援する職種の社員を対象者にするかどうかです。成果への直接的な貢献はないので支給しないという考え方もありますし、前線社員への貢献を評価して支給したほうがよいという考え方もあります。

ここでも、私のお勧めは後者の考え方です。

前線社員の個人賞与の一定割合を、後方支援社員の個人賞与としていったんプールしておき、

その総額を後方支援の全員に配分して支給する形をお勧めします。

そうすることで、前線の営業社員も後方社員に気兼ねなく仕事を依頼できるようになりますし、後方支援社員も前線社員の売上アップ活動をより応援してくれるようになります。

ただし、前線部門の社員が後方支援社員の業績への貢献をまったく認めていないとか、営業部門の社員と後方支援の社員の仲が悪すぎるなどの事情がある場合には、リスクが高いので支給しないほうがいいでしょう。

そして、ステップ3で支給対象者別の算定式を設計します。

まずは前線の営業職・マーケティング職からです。個人の成果を何を指標として測定するかを決めます。**一般的には売上か粗利益**です。

次に成果の清算額について、売上や粗利益の何%を個人の成果として計算するか決めます。

会社の扱っている商品別に比率を設定したり、複数人で成果を出していた場合には各人への配分比率を決めて配分したり、といった形で計算していきます。

そのうえで後方支援部門の算定式を設計します。先ほども述べたように、前線社員の個人賞

2-42　間接部門（後方支援部門）の業績連動賞与の配分

山分け方式	全社員で山分けする 例：賞与原資300万・社員30人だと10万／人
成果配分方式	役職／等級と成果への貢献で配分金額を変えて支給する（例：賞与原資300万・社員30人） ❶「成果貢献ポイント表」に基づき個人配分ポイントを設定する ❷上記①の個人配分ポイントの全員分を合計する（例：総ポイント30） ❸ポイント単価を算定する、賞与原資÷総ポイント（例：300万÷30=10万） ❹個人の配分金額を算定する、個人配分ポイント×ポイント単価（例：ポイント2の人➡2×10万=20万、ポイント0.5の人➡0.5×10万=5万）

与の一定割合を全員分プールしておき、後方支援部門の個人賞与の支給原資にします。その支給総額を、後方支援の全員に配分して支給しましょう。

配分方法には、図2—42に示すように「**山分け方式**」と「**成果配分方式**」の2つがあります。後方支援部門の成果への貢献が評価しにくい場合は、「山分け方式」が適切です。

一方、成果への貢献が「成果に多大な貢献をした・成果に貢献をした・成果に貢献できなかった」の3段階で評価できる場合には、「成果配分方式」がお勧めです。役職または等級と成果への貢献で、配分金額を変えて支給する方式です。具体的な配分のイメージを次に紹介してお

2-43　間接部門（後方支援部門）の成果配分方式の成果貢献ポイント表（例）

	成果に貢献できなかった	成果に貢献した	成果に多大な貢献をした
部長	2	2.5	3
課長	1.5	2	2.5
係長	1	1.5	2
主任	0.5	1	1.5
社員	0	0.5	1

きます。

◆後方支援部門の個人賞与の支給総額：３００万円

◆後方支援部門の社員30人

計算ステップ１：図２—43に示す「成果貢献ポイント表」に基づき、上司が成果への貢献を評価し個人配分ポイントを設定します。

計算ステップ２：全員の個人配分ポイントを集計します。（例：総ポイント30）

計算ステップ３：個人賞与の支給総額÷総

ポイントの式で、ポイント単価を算定します。（例：３００万円÷30ポイント＝10万／ポイント）

計算ステップ４：個人配分ポイント×ポイント単価の式で、個人の賞与配分金額を算定します。（例：ポイント2の社員：２×10万円＝20万円、ポイント０・５の社員：０・５×10万円＝５万円）

業績連動の部門賞与

業績連動の部門賞与についても見ていきます。成果を出した部門の社員だけに、賞与で成果を清算してあげる業績連動賞与のことです。

原則として、業績連動の部門賞与を支給することは推奨しません。社員間での不公平につながるからです。本人の意思ではなく会社の指示で該当の部門に配属されていることも多いので、偶然に成果が出ている部門に配属された社員はもらえ、成果が出ていない部門の社員はもらえない業績連動の部門賞与は、社員の不公平感を生み出しやすい側面があります。一般的な会社では、避けるのがベターでしょう。

例外として、実質的に全社員が入社時に自分で配属先を選べるような場合には、業績連動の部門賞与を支給してもいいでしょう。

部門賞与の支給総額は、一般的には部門の営業利益の何%かになります。その支給総額を部門の社員に配分する方法には、**「山分け方式」**や**「役職／等級配分方式」**、**「成果配分方式」**、**「部門長配分方式」**などがあります。

「山分け方式」と「成果配分方式」は、2章④の個人の業績連動賞与の箇所で説明したものと同じです。

「役職／等級配分方式」とは、部長・課長などの役職、または等級1・等級2といった等級別に賞与金額を決めて配分する方法です。部長が30万円、課長が20万円、主任が15万円、一般社員が10万円と、このような感じです。

最後に「部門長配分方式」とは、それぞれの部門長が部下1人ひとりの成果への貢献を評価し、賞与金額を決める方法です。

社長が部門長に経営力をつけさせたい場合には、「部門長配分方式」はお勧めです。賞与決定権を部門長へ委譲することで、部門長の経営力を高められるからです。具体的には、部下全員

2-44　利益配分の方針

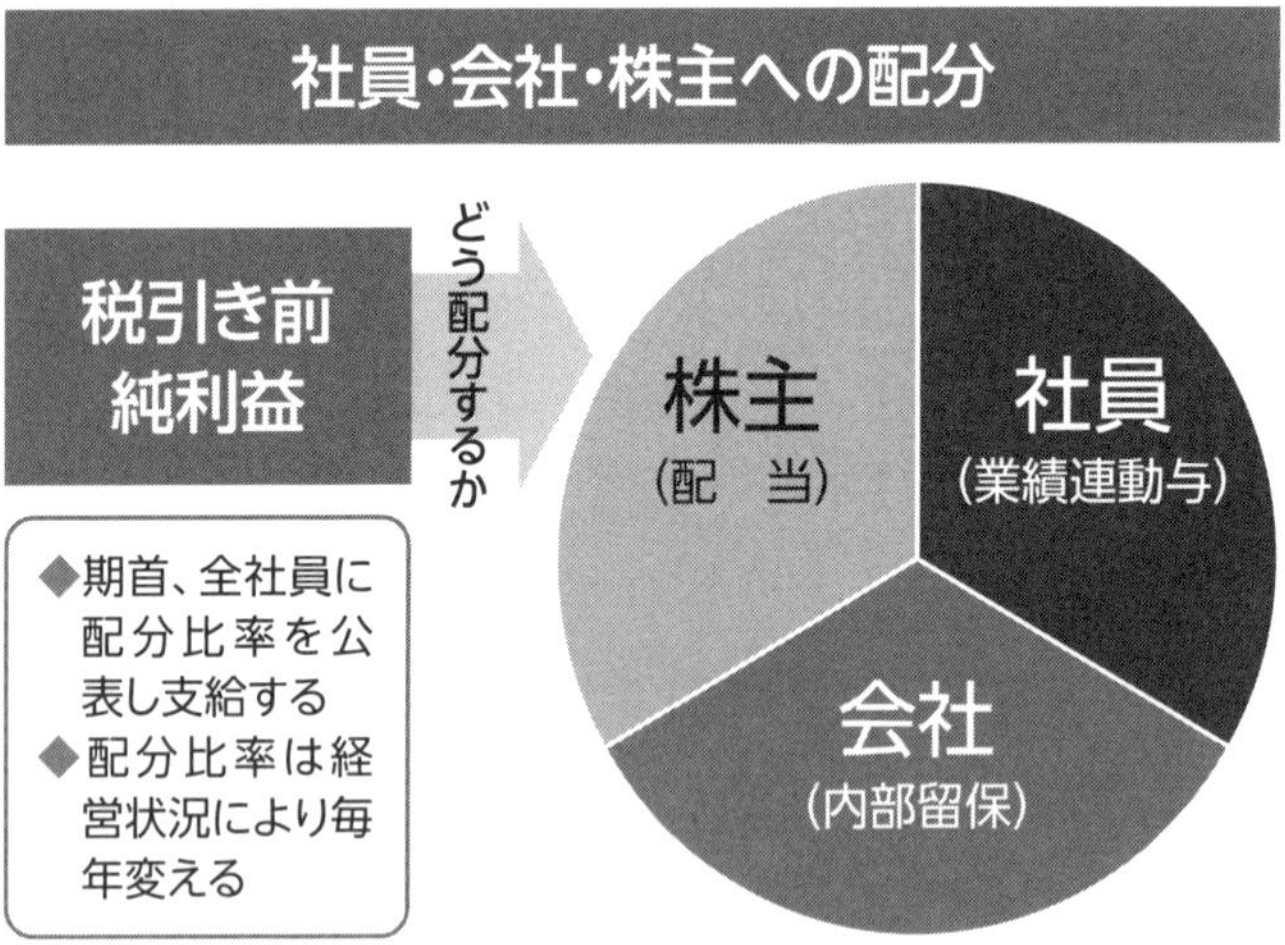

の成果を適正に測定し評価する力、評価結果を社員に説明し納得させる力などが習得できます。

逆に、社員1人ひとりの成果への貢献度は異なりますので、「山分け方式」はあまり活用しないほうがいいでしょう。

部門長に賞与決定権を一部委譲するようなタイミングではない場合には、「役職／等級配分方式」か、「成果配分方式」の活用がよいと思います。

業績連動の会社賞与

業績連動の会社賞与については、「決算賞与」という名目で、会社の利益が多く出たときに社員への還元策のひとつとして支給する会社が多いです。業績連動の会社賞与の支給総額は、一般的には全社営業利益または経常利益の何%かになります。

その賞与支給総額を社員にどのくらい、どのように配分するかを決めることで、業績連動の会社賞与の総額が決まります。それには、利益を社員・会社・株主の3つにどのように配分するかを決めることが必要です。

株主への配当をせず、社員と会社で半分ずつ、株主への配当をせず社員3割と会社が7割、社員・会社・株主で3分の1ずつなど、その年の利益配分方式を年度の初めに決定し、社員にも公表したうえで支給するとよいでしょう。

社員への配分方式は、図2―25に示すとおり「**山分け方式**」「**役職/等級配分方式**」「**成果配分方式**」の3つになります。各方式の詳細についてはすでに説明したとおりです。

今期はみんなで頑張って成果を出したからと、役職に関係なく一律に賞与を配分したい場合には「山分け方式」がお勧めです。

みんなで頑張ったが、特に管理職の労をねぎらいたいという場合には「役職/等級配分方式」がいいでしょう。

2-45　全社の業績連動賞与の決め方

山分け方式	全社員で山分けする 例：賞与原資300万・社員30人だと10万／人
役職／等級配分方式	役職または等級で配分金額を変えて支給する 例：賞与原資300万・社員30人 部長：20万、課長：10万、社員：5万
成果配分方式	役職／等級と成果への貢献で配分金額を変えて支給する 例：賞与原資300万・社員30人で総ポイント30だと ポイント2の人：20万、ポイント0.5の人：5万

成果への貢献度により配分金額を変えたい場合には、「成果配分方式」を活用しましょう。

業績連動賞与まとめ

ここまで、個人賞与・部門賞与・全社賞与と3つの業績連動賞与の説明をしてきました。

個人の成果測定がうまくできない場合や、成果測定できる個人の割合が全社員の30％以下の場合には、業績連動賞与は会社賞与だけでいいでしょう。

一方で、**成果測定ができる個人の割合が全社員の30％以上の場合には、個人と全社の業績連動賞与の2つを併用することがお勧め**です。

すべての社員が入社時に自分の配属先を選べ

るような場合には、業績連動の部門賞与をそこに加えてもいいでしょう。

固定賞与についても押さえておく

最後に、あまり聞きなれない言葉かもしれませんが「**固定賞与**」についても触れておきます。

すでに示したとおり、一般的な賞与では「基礎賞与」があり、人事評価の結果を踏まえてそこに加算または減算し、最終的な賞与の月数が決まります。いわゆる夏季賞与・冬季賞与に当たり、月数・金額は変動します。この見方を少し変えれば、**基礎賞与部分を「固定賞与」、人事評価結果で加算・減算される部分を「変動賞与」と見ることができる**、という話です。

第2章④でも少し紹介しましたが、賞与を固定賞与と業績連動賞与の2つに分けてみる選択もお勧めできます。

社員の目線からすると、支払いが約束された固定賞与は魅力的です。一方、社長からすると固定賞与はなしで、業績連動賞与だけのほうが支払いリスクがなく、安心して経営できるメリットがあります。

そこで、先ほどの基礎賞与の部分、または基礎賞与にマイナス評価を減算した部分を固定賞与化し、みなさんの会社の賞与制度に社員への安心感を付加してみてはどうでしょうか？　固定賞与の月数は、年間で給与の1ヵ月から4ヵ月分くらいがお勧めです。

◯これが正しい考え方

人事評価シートは給与だけに活用し、賞与については人事評価シートで決めないほうがいいです。事前に月数を決めて支給する基礎賞与（固定賞与）と、算定式にて成果を清算する業績連動賞与の2つの賞与を支給する形がお勧めです。

勘違い

12 管理職への昇進には人事評価シートを活用しない

使わないのはもったいない

昇給や賞与の評価のために人事評価シートを作成・活用している会社は多くありますが、ある社員を課長やマネージャーへ昇進させるかどうか評価するときに人事評価シートを活用している会社はあまりありません。

なぜ活用していないのか、想定される理由のひとつは、そもそも昇進評価の対象者になる社員が少ないから、というものです。もうひとつ考えられる理由としては、昇進の人事評価シートはつくりにくいから、というのもあるでしょう。

第2章の④でも紹介した「社長のあたま評価」で、昇進させるかどうかを決めてもいいので

2-46　昇進には人事評価シートを活用していない会社が多い

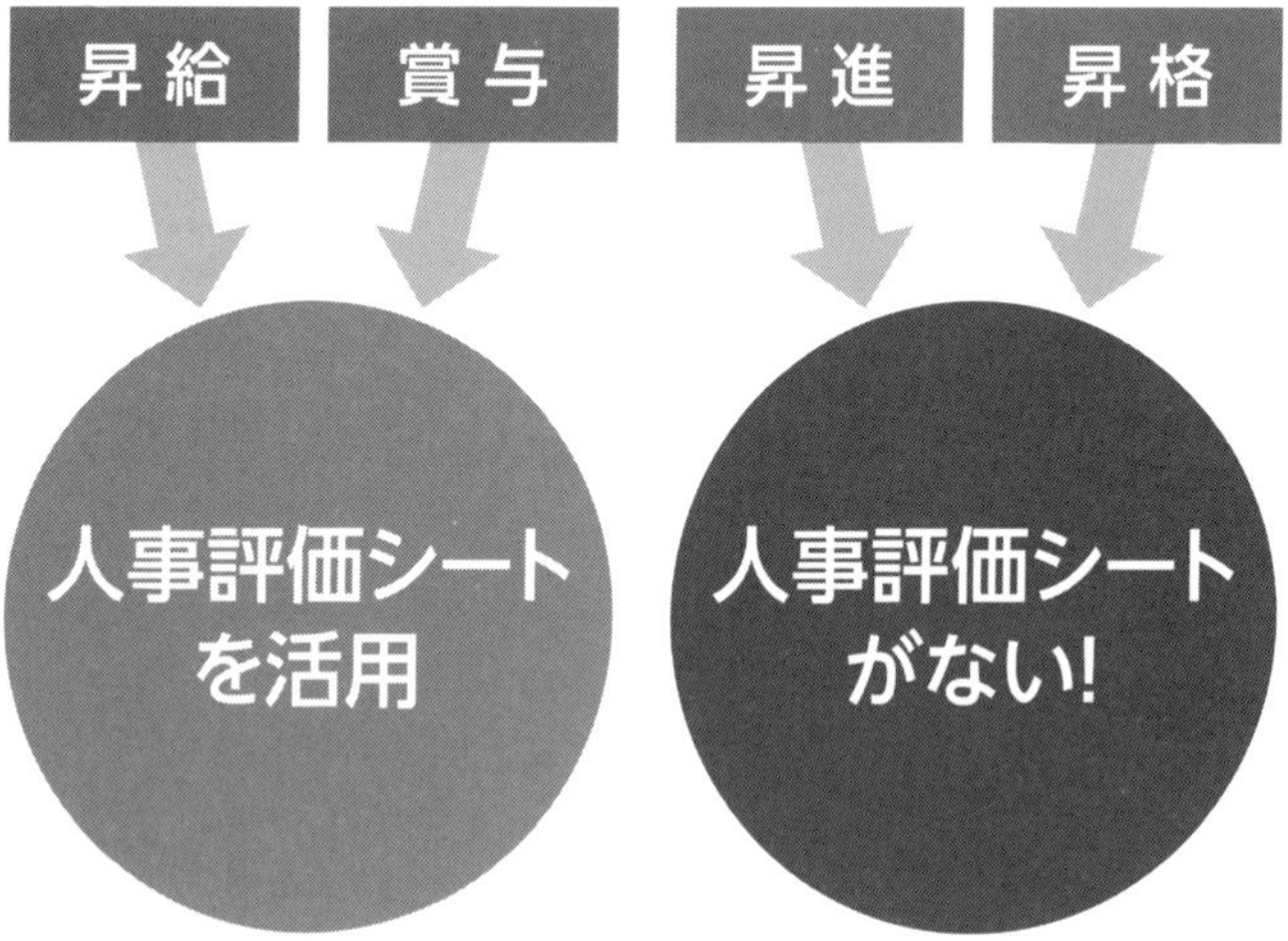

すが、昇進の結果は昇給と違い、辞令や組織図などで全社員に共有されます。そのため「社長のあたま評価」だけで決定していると、「なんであの人が課長に昇進? おかしくない?」「社長に気に入られているから、課長になれたんじゃないの?」といった批判や疑念を社内に生むことが多いものです。

古来、人事は権力の源泉とされていますから、社長は社内の不平不満すべてに応える必要はありません。しかし社内で認められてない人が課長やマネージャーに昇進すると、社員のモチベーションは下がってしまいます。

そうした不満を事前に解消し、余計なトラブルの芽を摘むために、ある程度は公平さを持った仕組みを用意することが必要です。

「管理職の前提条件（昇進要件）」で管理職へ昇進させるかどうかを決める

そこで、昇進の判断にも人事評価シートを活用することで、必要な公平性を担保できるようになります。

ただ、この判断の際のシートは、昇給を決めるときのものよりもざっくりした内容でかまいません。**「管理職になるための前提条件（昇進要件）」くらいは言語化しておいたほうがよい**でしょう。

具体的には、「課長（マネージャー）の前提条件」のときと同じ要領で言語化したうえで、それぞれの役職への昇進評価に活用します。前提条件の詳細は、第2章④の内容を再度確認しておいてください。

これが正しい考え方

社員数が10人を超えたら、管理職への昇進評価に使う人事評価シートを作成したほうがいいでしょう。ただし、昇給評価用の人事評価シートを活用してはいけません。3つから5つくらいの「課長（マネージャー）の前提条件」を言語化し、それによって評価してください。

勘違い

13

社長の好き嫌いで評価をしてはいけない

嫌いな人とうまくやっていくことはとても難しい

「うちの人事評価って、社長の好き嫌いで決まるよね！」、「○○さんは社長に好かれているから課長になれたんだよ」、「社長の好き嫌いで昇給・昇進が決められるってイヤだよね！」……いずれも、社員がよく言う愚痴です。

しかし、こうした社長の好き嫌いによる評価は、本当によくないことなのでしょうか？

私はそうは思いません。社長は会社の経営者であり、最終責任者でもあります。会社で何か問題が起きたら、すべて社長が責任をとるのです。社長が嫌いな人を大幅に昇給させたり、昇進させたりする人事評価制度がうまくいくと考えるのはナーバスすぎるでしょう。**社長が嫌い**

な人は、社員の愚痴などは気にせず、評価を下げるべきだと私は考えます。

神戸大学の三品和広先生は、著書の『経営戦略を問いなおす』（つくま新書）の中でこう述べています。

『松井証券の社長を務める松井道夫氏が、『好き嫌いで人事』（中略）という本を出しています。社員の処遇は、社長の好き嫌いで決めるというのです。いくらオーナー社長とは言え、個人の好き嫌いで人事をやられたんじゃたまったものじゃないと思うかもしれませんが、よく考えてみてください。個人の好き嫌いの感覚はそう簡単に変わるものではないし、周囲に見えるはずです。評価される側は、合わせる努力をすればよいし、その努力が裏切られることもないでしょう。合わせるのが嫌なら、そもそも入社しなければよいのです。これぞ、人事本来の姿ではないでしょうか。』

社長の好きな社員になれば評価されるという三品先生の考え方は本質を突いています。社長の好き嫌い評価は間違っていません。

社長の好き嫌いの基準は言語化すべき

ただし、その場合でも社長の好き嫌いの基準は全社員にオープンにしたほうがいいでしょう。社員が社長の言葉をよく聴き、行動を注意深く観察すれば社長がどのような社員を好きなのか好みを把握することもできますが、明確に言語化しておいたほうが社員はラクになります。

加えて、先ほどの社員の愚痴のように「社長は自分の好きな人だけ評価している。えこひいきだ！」との苦情をもらうリスクも減ります。

具体的な言語化の方法としては、以下の2つをお勧めします。

- **社長の好きな人の特徴を列挙する**
- **人事評価シートに、社長の好きな人の要件を記載しておく**

社長の好きな人を列挙する方法は、「社長はこういう人を評価します（好きです）！」というようなタイトルで言語化すればいいでしょう。

2-47　社長はこういう人を評価します

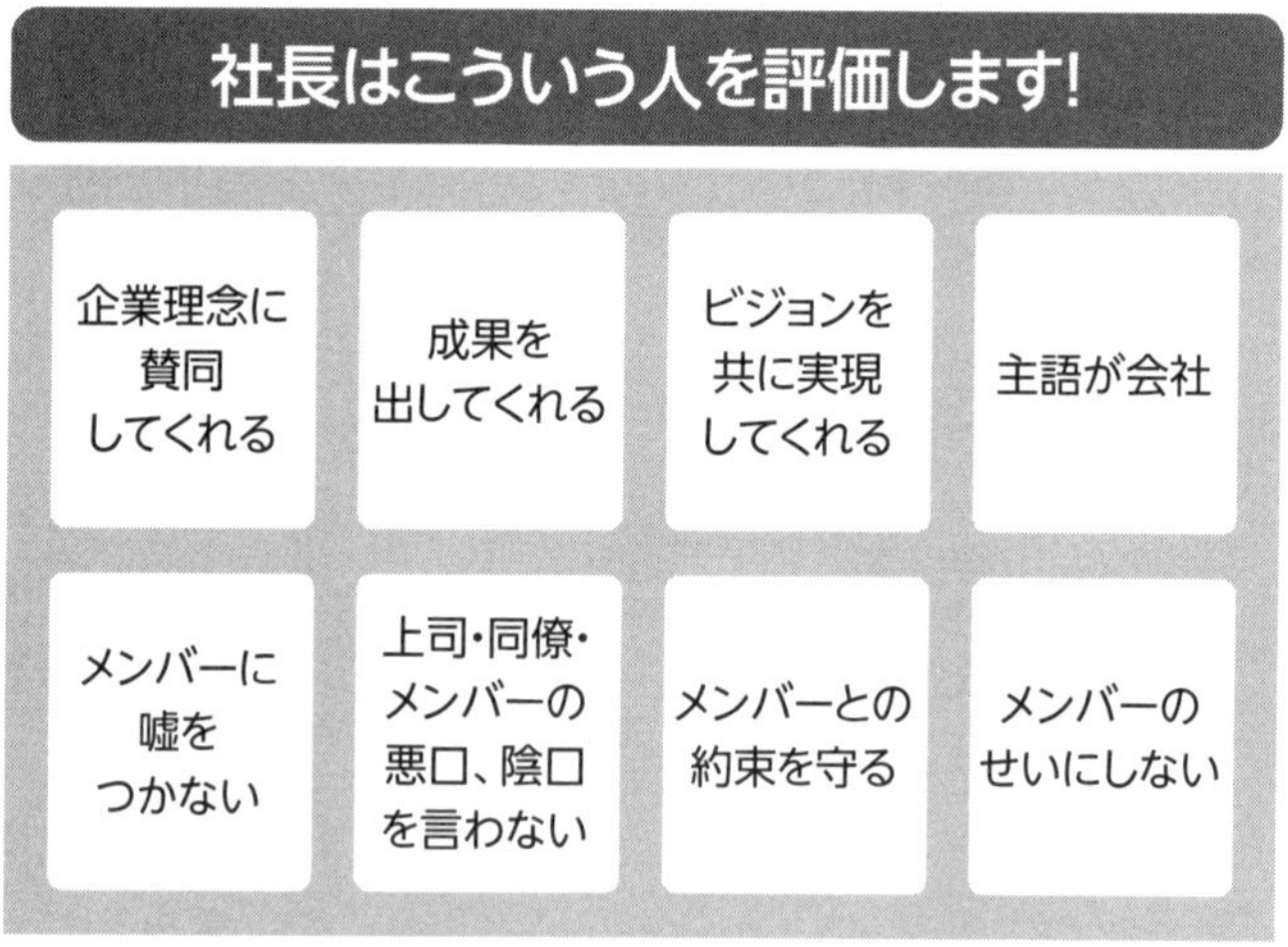

図2―47をご覧ください。「企業理念に賛同してくれる」「成果を出してくれる」「主語が会社」といった社長が評価する人の例が示されています。

つまり、**社長が評価する人が「社長の好きな人」**です。このように言語化し、全社員に開示することで、人事評価シートがなく「社長のあたま評価」の場合であっても、社員の納得感は高まります。

もうひとつの方法は、社長の好きな人の要件を個別具体的に言語化し、「人事評価シート」に記載しておく方法です。

この方法は、人事評価シートに記載されている評価項目による評価なので、社員から見れば通常の人事評価と同じです。実態としては社長の好き嫌い評価なのですが、社員にはそう見えません。「社長の隠れ・好き嫌い人事評価」とも言えます。

参考までに、松井証券の元社長の松井道夫氏が、著書の『好き嫌いで人事』（日本実業出版社）の中で、松井証券でのかつての「好き嫌い評価」の実態を解説した部分を引用しておきます。


『評価にあたっては、定量的に数字を積み上げるだけのスタイルを排して、面接を重視した、きわめて感性重視の手法で行なわれる。

誤解を恐れずにいえば、「好き嫌い」に基づく評価である。人が人を評価するのだから、それで構わないと割り切ることにした。そもそも、どんなに精緻な定量的・評価基準を導入したからといって、完璧に客観的な人事評価制度など存在しないのである。ある意味、評価とは実に感情的・主観的なものであると割り切ったということである。

人事評価制度の策定において、ともすると「より客観的なルールを」という〝神学論争〟が巻き起こり、目標達成具合いとか、執務態度とか、何とか能力といった、多種多様の「客観的」

基準と称するものが人を測る「モノサシ」として試されてきたが、結局最後は、最終評価者の恣意が「客観的」な「モノサシ」を圧倒し、捻じ曲げてきただけのようにみえてならない。加えて、そもそも一人の人間を輪切りにして評価することなどできないのである。

評価を下すうえで大事なことは、本人の「実力」に比べて、現在の年俸が高いのか、それとも低いのかということである。このほうが、松井証券が行なっている商売との連関を前提とした、シンプルかつクリアカットな視点に基づく評価であると思う。』

この考え方は、私の言う「社長のあたま評価」に近いイメージです。面接を重視していることも書籍内で述べられているので、人事評価面談をじっくりやることで、好き嫌い評価に対する社員の納得感を醸成しているのでしょう。

これが正しい考え方

社長の好き嫌いで評価しても問題ありません。ただし、社長の好きな人の特徴を列挙するか、社長の好きな人の要件を人事評価シートへ記載しておくことが必要です。人事評価シートだけでなく、人事評価面談で社長の好き嫌いを共有することも、併せて実施しましょう。

勘違い

14

人事評価結果が低い社員でも、減給するのは流石によくない

どうして減給しないのか？

真面目に仕事もせずにさぼってばかりの若手社員、高い給料を払っているのにまったく成果を出さないベテラン社員、何度注意しても組織の和を乱してばかりの問題社員……こうした人事評価の結果が低い社員を、社長は減給したいと思っています。しかし、実際には減給しない場合が多いでしょう。それには、いくつかの原因が想定されます。

原因１：法的に減給してはいけないと認識しているから

原因２：減給すると、社員のモチベーションが下がってしまうと思っているから

原因3：今まで一度も減給をしたことがないから

ひとつずつ解説していきましょう。

本当に法的に減給してはいけないのか？

まずは、原因1からです。労働基準法では「社員に支払うべき賃金はその全額を支払わなければならない」とされていますが、「懲戒処分としての減給」の場合には減給可能とされています。

また、労働基準法には規定されていませんが、一般に以下の4つの場合には減給が法的にも許容されていると考えられています。

- **降格人事による減給**
- **職務内容の変更（配転）による減給**
- **新しい人事評価・賃金制度を導入するとき**

・業績不振による高度の必要性がある場合の減給

さらに、「**降格にまでは至らずとも、当人の人事評価結果が著しく低い場合**」にも、法的に減給は可能とされています。

この場合、人事評価の合理性・公平性が確保されていることや、就業規則や労働契約書に等級・グレードなどと給与の関係や引き下げの基準が明確に定められていること、社員にこれらを周知していることなどの条件が必要となりますが、逆に言えばそれらの条件を満たしていれば、制度的に減給は可能です。

そのうえで、該当の社員ときちんと話し合い、個別の同意をとることで問題なく減給することができます。ただしその際の減給額は、従前の5%から10%程度が妥当でしょう。

実際に減給をする場合には、事前に顧問弁護士や社労士に相談したうえで実施することも必要です。

詳しくは後述しますが、社員自身にも減給を納得してもらい同意を得やすくするには、3ヵ月に1回の評価面談が重要です。評価面談の都度、「このままいくと、来期から減給になってしまうよ。そうならないために、残り9カ月はｘｘｘに取り組もう」といった働きかけをしておくのです。

それにより本人の行動が変化すれば、そもそも減給する必要がなくなりますし、目安として合計4回の評価面談を実施しても評価結果が改善されず、成果が低かった場合なら、たとえ減給を打診されても本人もその理由がよくわかっているので、納得しやすく、同意を得やすいでしょう。

減給すると本当に社員のモチベーションが下がる？

次に原因2です。減給になると、社員のモチベーションが下がってしまうので減給はするべきではないし、するのが怖い。こう考える社長も多そうです。

もちろん減給になってしまったことでモチベーションが下がる社員はいるでしょう。ただ、それが社長の経営にとって問題になるのでしょうか？

私は、そうは思いません。

本人が納得したうえでの減給であれば、たとえ一時的にモチベーションが下がっても、次の昇給に向けて頑張るようになるでしょう。そうした踏ん張りを促す意味でも、全社員を対象とした人事評価規程や人事評価シートの説明と理解の促進、さらに3ヵ月に1回の評価面談を実施する必要があります。

全社員に浸透している透明性の高い減給ルールにしたがった減給であれば、社員のモチベーションの低下は気にする必要はありません。

今まで一度も減給をしたことがない場合は?

原因3で示したように、それまで一度も減給をしたことがない会社では、減給をしにくい実態があるのは理解できます。初めての取り組みを実施するには、勇気と覚悟が必要ですから。ただ、減給という取り組みについてはそこまでの覚悟はいりません。減給のメリット・デメリットで考えてみましょう。

図2—48をご覧ください。先ほどお伝えしたように減給のルールを明確にし、全社員に浸透させたうえで一部社員に減給を実施することには、無駄な人件費の削減や社長のモチベーションダウン防止、給与原資の増加といったメリットがあります。よい意味で緊張感が保てる組織

2-48　人事評価結果が低い社員を減給するメリット/デメリット

メリット	**【前提：減給ルールを明確にしたうえで実施】** ●無駄な人件費を払わなくていい ●給料を払いすぎている社員への社長の怒りがなくなる ●成果を出している社員に報いる原資が増える ●会社によい意味での緊張感が保てる ●『正直者が馬鹿を見る』会社にならない ●減給になった社員に反省の機会が与えられる ●減給になった社員の成長のきっかけになる
デメリット	●減給になった社員のモチベーションが下がる ●減給になった社員が周りにマイナスな影響を与え、周りの社員のモチベーションが下がる ●減給になった社員が退職する ●減給になる社員が多すぎると社員に恐怖感が広がる **【前提：減給ルールを明確にしないまま実施】** ●多くの社員のモチベーションが下がる ●多くの社員が会社へ不信感を持つ ●社長への信頼感がなくなる

になりますし、真面目に仕事をしてそれなりの成果を出している社員については、かえってモチベーション低下の防止ができます。こうした社員は、成果を出していない社員がきちんと「低い評価」をされず、貢献より大きな給与を得ていることで、成果を出している自分が割を食っていると感じることも多いからです。

また、減給になった社員本人も、評価面談で上司と自分の課題を振り返ることができますから、その課題の解決策を上司と相談することで、成長を目指すためのプラン策定が可能となるでしょう。

一方、デメリットも7つほどあります。

「減給になった社員のモチベーションが下がる」……このデメリットは、先ほど紹介したように評価面談の実施で解決できます。

次に「減給になった社員がマイナスな影響を与え、周りの社員のモチベーションが下がる」……このデメリットは、ひとつ目のデメリットを解決している最中に発生しがちです。これに対しては、減給になった社員の上司に、本人に周りへのマイナスな影響を与える言動や暴言をやめさせる指導をしてもらうしかありません。

次に「減給になった社員が退職する」……減給により退職が発生する可能性がありますが、該当の社員が「社長がいてもらいたいと思っていない社員」なのであれば、特に問題はありません。そのまま退職してもらうほうが双方にとって有意義です。

もし、「まだいてもらいたい・いてもらわなければ困る社員」なのであれば、引き留めるしかありませんから社長と直属の上司の出番です。

ただし、その際に減給をやめるという判断をしてはいけません。減給ルールの形骸《けいがい》化につながるからです。「今回は減給になってしまったが、○○さんならリカバリーできると信じているし、リカバリー後の活躍を期待している」などと本人への期待を伝えることで、退職をしないように説得すると効果的です。ただし、完全には退職のリスクをなくすことはできませんから、ある程度の割りきりも必要です。

続いて、「減給になる社員が多すぎると、社員の間に恐怖感が広がる」……このデメリットは、減給ルールのつくり方で事前に予防できます。同じ年度内に減給する社員の比率は全社員の5％以下に限る、などの規定を定めておけば、会社内に恐怖感が蔓延することは避けられるでしょう。
その他のデメリットとしては「多くの社員のモチベーションが下がる」「多くの社員が会社へ不信感を持つ」「社員から社長への信頼感がなくなる」の3つが考えられます。これらについては、減給ルールを明確にしないで実施した場合のデメリットなので、すでに示しているように減給ルールを明確にし、全社員へ浸透させたうえで減給するのであれば、基本的には発生しないデメリットとなります。

ここまでの解説により、メリットとデメリットの整理ができました。**メリットのほうが多いので、社長が特に気になるデメリットがないのであれば、みなさんの会社でも減給ルールを整備し、少しずつ導入していきましょう。**

ただし、先ほども述べたように減給によって退職者が出るリスクはなくすことはできませんから、人事評価結果が低い社員であっても1人も辞めてほしくない、という社長の想いが極めて強い場合には、最初から減給ルールは導入しないほうがよいかと思います。

真面目に仕事をしているが成果が上がらない社員の給料まで下げるのか

ここまでの説明で、法的に減給してもよく、デメリットも予防できるのであれば、自社にも減給ルールを作成し、導入してみようという思いになられた社長もいるでしょう。

そうして実際に減給ルールを作成するときに悩ましいテーマが、「真面目に仕事をしているが成果が上がらない社員」の給料を下げるかどうかです。これは最終的には社長の考え方次第ですが、以下にいくつかの設計上の指針を示しますので、これらの指針に関する社長の考え方を基準にして、会社としての方針を決めるといいでしょう。

- **真面目に仕事をしていても成果が上がらなければ減給は【ある／ない】**
- **真面目に仕事をしていても会社のルール違反が多ければ減給は【ある／ない】**
- **真面目に仕事をしていれば入社後の3年間は減給にならず定期昇給が【ある／ない】**
- **真面目に仕事をしていれば20代の社員は減給にならず定期昇給が【ある／ない】**
- **MVV（企業理念／ミッション、ビジョン、行動指針／バリュー／クレド等）に賛同して**

いれば20代は減給にならず定期昇給が【ある／ない】

・MVV（企業理念／ミッション、ビジョン、行動指針／バリュー／クレド等）に賛同していなければ減給も【ある／ない】

2-49　真面目に仕事はしているが、成果が上がらない社員の減給ルール案

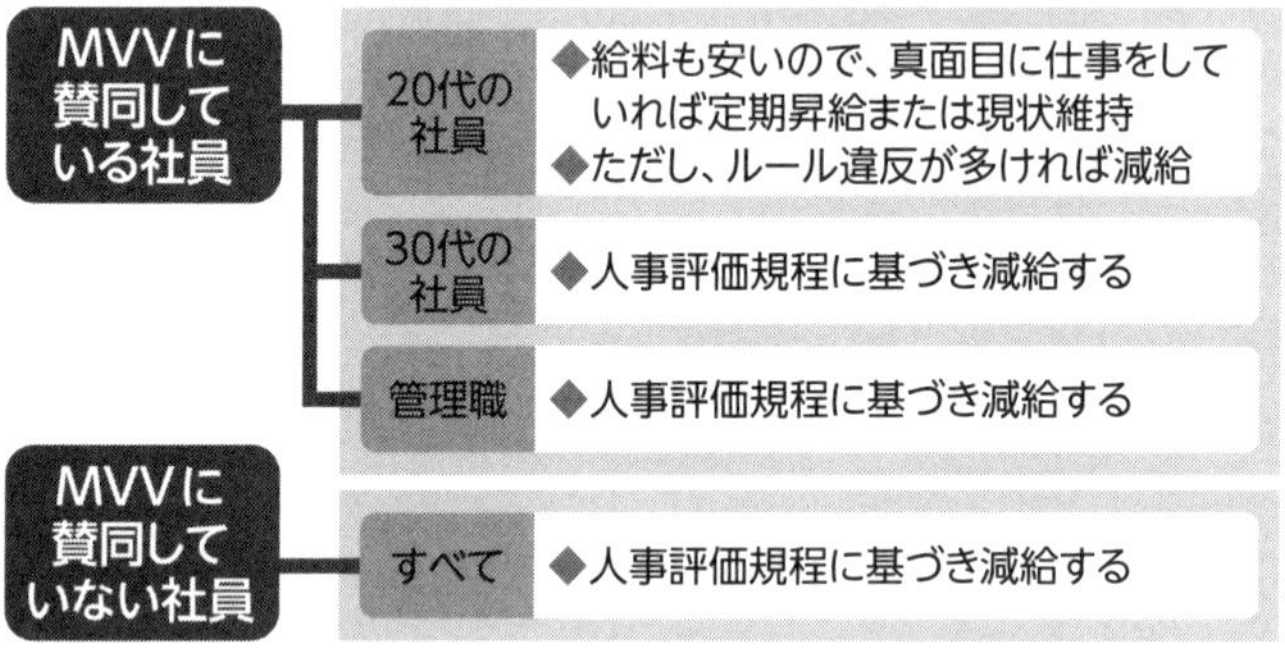

MVVに賛同している社員
20代の社員
◆給料も安いので、真面目に仕事をしていれば定期昇給または現状維持
◆ただし、ルール違反が多ければ減給
30代の社員
◆人事評価規程に基づき減給する
管理職
◆人事評価規程に基づき減給する
MVVに賛同していない社員
すべて
◆人事評価規程に基づき減給する

※給与規程・人事評価規程に基づき、適正に評価され評価が低かった場合を想定しています。
※MVV：ミッション（企業理念）・ビジョン・バリュー（行動指針）

これらの方針に基づいた減給案を図2―49に示しておきますので、こちらも参考にしてください。

◯ これが正しい考え方

人事評価の結果が著しく低い社員は、減給してもかまいません。ただし、事前に所定のルールを整備し、該当社員から個別の同意をとる必要があります。

もちろん、人事評価結果が著しく低い社員にも辞めてほしくない、という社長の想いが極めて強い場合には、減給しないほうがいいです。

勘違い

15

昇格や昇進の基準をクリアできなくなった管理職でも、降格まではしないほうがいい

降格も自由にできる

降格処分には、懲戒処分としての降格と、人事権行使としての降格の2種類があります。ここでは、後者の人事権行使としての降格を扱います。

さて、一度昇進して課長やマネージャーになった人、たとえば一般的な等級制度で3等級（またはグレード3等）から4等級（またはグレード4等）に昇格した人が、その後、残念ながら継続的に成果を出せなくなっても、なかなか降格させない会社が少なくありません。このあたりは、減給と同様の様相が見て取れます。

しかし、**人事権行使としての降格は、法的にも会社が自由に行うことができるのが原則**です。

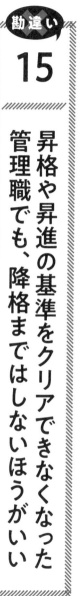

以下のような点に留意しつつ、「降格についての社長の考え方」を定め、降格ルールとして明文化・周知しましょう。そのうえで、必要に応じて実施していくことをお勧めします。

- **退職に追い込むことを目的とした降格は違法**
- **年次有給休暇の消化など正当な権利行使を原因とする降格処分は違法**
- **2段階以上等の極端な降格は違法と判断されやすい**
- **妊娠、出産、育児休暇、介護休暇等を契機とする降格は原則違法**

出所：『降格とは？ 処分を行う際の判断基準や注意点、降格人事との違いを解説』（弁護士法人咲くやこの花法律事務所ウェブサイト／https://kigyobengo.com/media/useful/964.html 2022.12.19）

降格させせないと大変なことになる

期待どおりのマネジメントができていない課長やマネージャー、また、個人で仕事をしていたときには大きな成果を出していたが、部下をつけて部門の業績に責任を持たせたら成果を出せなくなった課長やマネージャー……このような課長やマネージャーを社長は降格させたいと考えていますが、いろいろと考えてしまってなかなか踏みきれない、というケースが多いのが実情です。

しかし、そうした人材を降格させずにそのままにしておくと、次に挙げるような望まない未来がやってきてしまいます。部下・部門・本人の３つの視点で紹介しましょう。

部下の視点

まずは低パフォーマンスの課長やマネージャーに率いられている部下ですが、当然ながらモチベーションが下がり、成果は出なくなります。最悪の場合には休職者や退職者が出てしまいます。成長も期待できなくなるでしょう。

部門の視点

部門については、部門目標を達成できていないので部門全体の雰囲気が暗くなり、活気がなくなります。そのうちに他部門にも悪い影響を与えるようになります。

本人の視点

最後に課長やマネージャー本人ですが、本来は降格されてもおかしくないのに、そのままの地位に置かれ続けることで、かえってモチベーションが下がり、大きくやる気をなくしていきます。部下は自分の思いどおりに動かず、成果を出してきません。自分1人が頑張っても、部門の目標達成には足りません。次第に自分の能力への自信もなくなり、「自分は、このまま課長をやっていてもいいのだろうか？」と深い悩みを抱えるようになります。同格の別の課長やマネージャーと自分を比較し、不適当な待遇を得ていることへ罪悪感を抱くこともあります。

一度は昇格させた社員を降格させるという判断は、社長にとっても気が重いものかもしれませんが、このように**するべきときに社長が決断をしないと、部下・部門・本人のすべてにマイナスの影響を与えてしまう**のです。降格ルールを整備し、それに沿って適切な降格をしていくことで、組織全体はもとより本人にもよい影響を与えるのですから、責任から逃げず、するべきときには降格の判断を下すようにしてください。

どんなときに降格させるべきか

課長が部下からの信頼を失った、課長のマネジメントがうまくいかず組織がバラバラになっている、部門目標の未達成が続き部門業績が悪い……このような場合は、担当の課長やマネージャーを降格させたほうがよいのですが、一方で悪い事象が起きるたびに降格をしていると、課長やマネージャーのほうでも安心して部下のマネジメントができません。

社長の感情で恣意的な判断をするのではなく、4章の④で紹介した「昇進要件」に準じた「**降格要件**」を設定し、その降格要件に適合した管理職を降格させる、という運用にしたほうがいいでしょう。

「降格要件」のつくり方は以下のとおりです（なお、降格要件は社長1人ではなく、社長と幹部で話し合いながら作成したほうが安全です。社長が原案を作成し、次の手順で意見交換して「降格要件」の作成を行ってください）。

・ステップ1：社長が原案を作成します

2-50　課長の昇進・降格要件例

	課　長
昇進要件	1. レベル4以上である 2. 社長の譲れない想いと考え方に賛同している 3. 上司としての最高の熱意がある 4. 部下の信頼を失う言動をしていない 5. 部下への興味・関心がある 6. 年間個人目標を2回以上達成した実績がある 7. 経営会議で承認される
降格要件	1. 昇進要件（1から6）をひとつでもクリアできなくなった 2. 年間部門目標を2年連続で達成できなかった 3. 経営会議で承認される

・ステップ2：社長案を幹部に説明し質疑応答し、意見交換します
・ステップ3：幹部の意見を参考に、必要であれば社長の原案を修正します
・ステップ4：完成版を幹部に共有し、社長の考え方を説明し理解してもらいます

前述したように、「降格要件」は「昇進要件」をベースに作成するとつくりやすいです。たとえば以下のいずれかのように設定してみましょう。

・**「昇進要件」をクリアしなくなったら降格**
・**「昇進要件」を2年連続／累計2回クリアしなくなったら降格**
・**「昇進要件」をクリアしなくなった＋別の条件で降格**　など

このように「降格要件」を設定し、それに基づいて機械的に運用するのが基本です。ただ、柔軟な判断の余地を担保するために、経営会議や人事評価会議での承認を条件に追加しておくこともお勧めします。前ページの図2―50も参考にしてください。

降格の伝え方

ここまでの説明で、降格の意義や具体的な降格要件のつくり方は理解できたでしょうか？

ここからは、降格を本人にどのように伝えるべきか、伝達時のコツを紹介します。

降格を本人に伝えるのは、誰にとっても避けたい役回りです。しかし、総合的に評価・判断したうえで必要であれば、本人にもしっかり降格を伝えないといけません。

降格を伝えたことで本人のモチベーションが下がり続けてしまったり、最悪退職になったりすると困ります。そうならないためには、次の5つのポイントを踏まえつつ本人に伝えるのがよいでしょう。

ポイント1：直属の上司や人事の責任者ではなく社長が直接伝える

人事評価面談は、直属の上司が実施するのが一般的ですが、降格の伝達については直属の上司ではなく、また人事担当の取締役でもなく、社長が直接伝えたほうがトラブルになりません。

昨日まではあった役職が明日からなくなる降格は、本人にとっても非常に辛いことです。その伝達を直属の上司や人事担当の取締役から聞くのは、降格者にとって耐えられるものではありません。「どうして自分が課長でなくなるのか？」その判断の理由や経緯は、会社の最高責任者である社長から直接聞きたい、というのが人情ではないでしょうか。

どんなに事業で忙しくても、降格の伝達については社長自らが実施すべきものだと心得てください。

降格されるわけではない他の管理職も、社長のその振る舞いを見て、自分が今後も一緒に働

2-51　降格の伝え方のポイント

1	直属の上司や人事の責任者でなく社長が伝える
2	面談はゆったりとした場所で1時間以上実施する
3	『降格処分通知書』だけでなく 『降格レター』を作成する
4	本人が降格に納得していない場合は3回面談する
5	復活への希望を与える

いていける人物かどうか内心で評価していきます。社長が優先度を下げ、社長以外の人に伝達役を押しつけてしまえば、社長本人は気がラクになるでしょうが、他の管理職は社長に落胆するでしょう。

降格は、本人にとって重大な出来事です。降格者への想いやりと期待を込めて、直接、社長が伝達してください。

ポイント2：面談はゆったりとした場所で1時間以上実施する

社長が直接、降格者へ自らの判断を伝える面談は、幹部会の直後やミーティングの直後など、何かのついでにやるのではなく、じっくり時間

2-52 シート：降格レター

XXXXさんの降格について

1. XXさんのよい点について

①xxxxxxxxxxx（要約）
・xxxxxxxxxxxxxxxxx（詳細）
②xxxxxxxxxxx（要約）
・xxxxxxxxxxxxxxxxx（詳細）
③xxxxxxxxxxx（要約）
・xxxxxxxxxxxxxxxxx（詳細）

2. 降格をするこころ

①xxxxxxxxxxx（要約）
・xxxxxxxxxxxxxxxxx（詳細）
②xxxxxxxxxxx（要約）
・xxxxxxxxxxxxxxxxx（詳細）
③xxxxxxxxxxx（要約）
・xxxxxxxxxxxxxxxxx（詳細）

3. 再昇進の基準

①xxxxxxxxxxxxxxxxxxxxxx
②xxxxxxxxxxxxxxxxxxxxxxxx
xxxxxxxxxxxxxxxxxxxxxx
③xxxxxxxxxxxxxxxxxxxx

4. XXさんへの今後の期待

①xxxxxxxxxxxxxxxxxxxxxxx
②xxxxxxxxxxxxxxxxxxxxxxxx
xxxxxxxxxxxxxxxxxxxxxx
③xxxxxxxxxxxxxxxxxxxxx

をとってゆったりとした場所で実施するのがお勧めです。**何かのついででは、本人がないがしろにされたような感覚を抱きかねません。**

また面談時間は最低でも1時間、降格者が納得していない場合には何時間でもかけて実施するようにしてください。

ポイント3：『降格処分通知書』だけでなく『降格レター』を作成する

降格を伝える場合、『降格処分通知書』での伝達が基本になります。ただ、降格の事実だけを伝える『降格処分通知書』だけでは不十分です。図2―52に示す『降格レター』を作成してください。

『降格レター』は、降格者のよい点、降格の原因、復活の基準、本人への期待の4つを記載できます。

ポイント4：本人が降格に納得していない場合は3回面談する

降格を伝える面談の1回目で降格者が納得しない場合には、本人の言い分を遮らず、最後までじっくり話を聴きましょう。1回目は話を聴くだけで終わりにしてもかまいません。

そのうえで、1週間後を目安に2回目の面談を実施します。

そこで納得してくれれば問題ないのですが、まだ納得していないようであれば、1回目同様に本人の言い分をひたすら聴きます。そして、さらに1週間後を目安に3回目の面談を実施します。

通常は、3回目までではほとんどの人に納得してもらえます。本人が納得したあとは、復活の基準と本人への期待を伝え、再度社内で頑張ってもらえるように話をしましょう。

もちろん、**ここまで手間をかけるのはMVVに賛同している管理職だけ**です。MVVに賛同できないことを明確にしている管理職は、何度面談しても納得してもらえないので、1、2回で切り上げて粛々と人事を実行すればＯＫです。

ポイント５：復活への希望を与える

社内で降格のルールをうまく回していくためには、降格した本人に再度昇進できる可能性があると示すことも必須となります。

そのためにも、あらかじめ復活の基準をつくり、降格の伝達時に『降格レター』の中で細かく伝えるようにしましょう。

復活の基準は、本人が再度「昇格要件」をクリアすることを要求するのが一般的です。ただし、さまざまな理由で「昇格要件」をクリアしている状態にもかかわらず降格になる場合がありますので、そうした状況にも整合する基準を別途作成する必要があります。

降格は少なくしておく

降格をうまく行う方法を解説してきましたが、そもそも社長と管理職双方にとって、降格しなくてもよいのであればそのほうが断然よいです。

そこでひとつ提案です。**「チャレンジ役職制度」**の導入です。これは主任／課長／リーダー／マネージャーなどの管理職に社員がチャレンジできる役職のことで、「チャレンジ課長」「チャレンジマネージャー」のような呼び方をすればいいでしょう。

たとえば、図2―53の「チャレンジ課長」をご覧ください。この役職の権限と責任は課長と同じですが、マネジメントする部下の人数は正規の課長に比べて少なくしたほうがいいでしょう。一般的には、1人から3人に抑えておくのがお勧めです。

昇進要件については、通常の課長への昇進要件の中から、いくつかを選んで決めておきます。

そして、**チャレンジ課長が通常の課長への昇格要件を2年のうちにクリアできない場合には、「チャレンジ課長」ではなくなる、と決めておきます。**降格というよりは、1回目のチャレンジ終了という感じです。

役職手当は正規の課長手当の3分の1から2分の1くらいが妥当でしょう。

このチャレンジ課長としての正規課長への挑戦回数は、候補者が少なければ何回でもチャレンジさせたほうがよいと思います。候補者が多い場合には、多くの方にチャンスを与えるために、2回くらいまでの制限をつけるほうがいいでしょう。

2-53　チャレンジ役職制度（例：チャレンジ課長）

権限と責任	●課長と同じ
部　下	●部下をつける ●初回は1～3人
昇進要件	●課長の昇格要件のうち数個（3～5個） ●すべてクリアしたら課長昇進 （肩書きから「チャレンジ」がとれる）
降格要件	●課長の昇進要件を 2年以内にクリアできなかったとき
手　当	●課長手当の1/3～1/2
チャレンジの制限	●候補者が少なければ何回でも、 多ければ2回まで

肩書に「チャレンジ」とついているので、本人も気軽にチャレンジしやすいですし、部下の側でも、上司のマネジメントに不足する部分があっても多めに見てくれやすくなります。チャレンジ中にマネジメント力がつけば昇進できますし、チャレンジに失敗しても降格というイメージにはなりにくいので、降格が増えることによる社内の雰囲気悪化のリスクも防げます。

興味があれば、ぜひ試しに導入してみてください。

これが正しい考え方

昇格や昇進の基準をクリアできなくなった管理職は、事前に降格要件を作成し、降格させたほうが健全です。「降格処分通知書」に加え、「降格レター」を作成し、降格者のよい点・降格の原因・復活の基準・本人への期待の4つを、社長自ら降格者に伝えてください。

勘違い 16

半年に1回の人事評価面談で十分だ

半年に1回では足りない

一般的に、人事評価の面談は半年に1回の会社が多いようです。しかし、社員の昇給・昇進・昇格、賞与査定などを伝えるための面談が、半年に1回でいいのでしょうか？

次ページの図2―54に、「半年に1回の人事評価面談」と「四半期に1回の人事評価面談」のメリットとデメリット・リスクをまとめていますので、ご参照ください。

社員が評価結果に納得しているのなら、半年に1回で十分でしょう。部下と上司の面談時間が少なく、評価コストもかかりませんし、現業に集中できるメリットは大きいです。

ただ、**人事評価面談が半年に1回では、多くの社員は内心では納得していません**。その理由

2-54　半年に1回、3ヵ月に1回の人事評価面談のメリットとデメリット・リスク

	メリット	デメリット・リスク
半年に1回の人事評価面談（1年に2回）	◆管理職に負荷がかからない ◆社員が現業に集中できる	◆社員の納得感が低い ◆評価が低い場合にリカバリーしにくい ◆社員のモチベーションが下がる ◆会社や人事評価制度への不信感が高まる
3ヵ月に1回の人事評価面談（1年に4回）	◆社員の納得感が得られ、モチベーションが下がらない ◆社員が自分の足りないところに気づきやすい ◆評価が低い場合、3回のリカバリーチャンスがある ◆成長の機会が増える	◆時間がかかる ◆不適切な評価者だと、社員のモチベーションが下がる回数が増えてしまう

は、**「社員への評価結果の説明回数が2回では少なすぎるから」**、**「評価が低かったときのリカバリーのチャンスが1回しかないから」**、**「会社が人事評価面談を重要だと考えていないことがわかり、社員のモチベーションが下がり落胆するから」**の3つです。

忘れた頃に実施される半年に1回の人事評価面談に、社員は何を感じるでしょうか？　自分の評価結果に対する上司の説明時間の少なさに不満を感じます。加えて、会社は人事評価面談の優先度を低くしているなぁ、そう感じるでしょう。

上司が成果を出すために日々忙しくしていることは理解するでしょう。しかしそれでも、自分の人生にとって極めて重要な昇給・昇進・昇格、賞与査定などを伝えるための面談回数が少ないのは、面談に対して会社が設定している重要性が低いと感じるものです。結果、会社や社長に対して不信感を持ってしまうことさえあります。

半年に1回の面談では、低い評価になった場合に改善するチャンスも1回しかありません。自分の実力不足の改善が、1回でうまくいくでしょうか？　評価が高い優秀な社員であれば1回でうまくいくかもしれませんが、能力が低い社員では1回では足りません。最低でも3回は必要です。会社というものは、能力が高い社員だけで構成されてはいませんから、能力が低い

2-55　人事評価面談が少ない・短いと
社員に不信感が芽生える

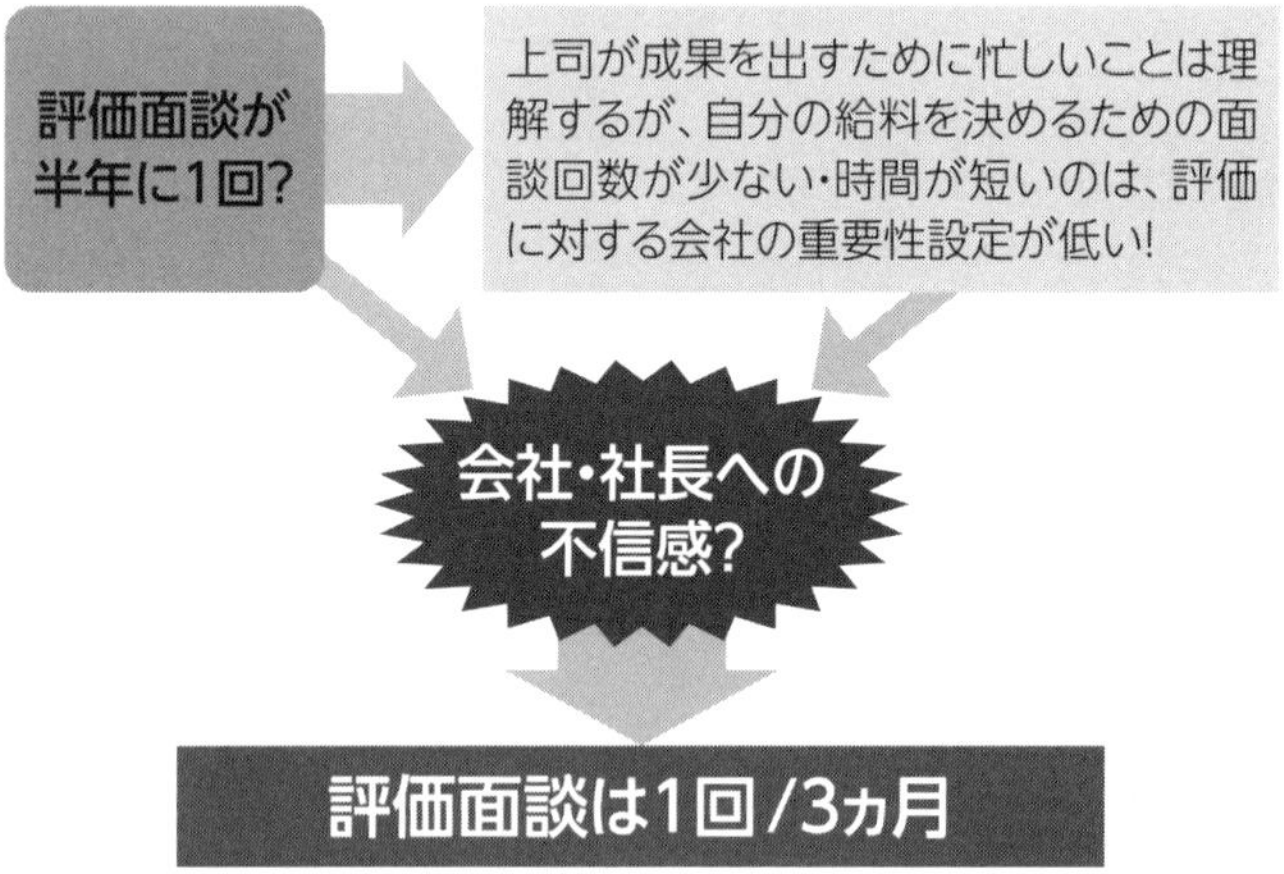
評価面談が半年に1回?
上司が成果を出すために忙しいことは理解するが、自分の給料を決めるための面談回数が少ない・時間が短いのは、評価に対する会社の重要性設定が低い!
会社・社長への不信感?
評価面談は1回/3ヵ月

社員に対してもリカバリーのチャンスをしっかり与えるべきでしょう。

これらのデメリットについて考えれば、**人事評価面談は、やはり半年に1回では十分ではない**と断言できます。

四半期に1回の評価面談が必要

人事評価面談の狙いは、社員の「納得」と「気づき」を促すところにあります。この狙いを実現するには、半年に1回ではなく、四半期に1回は人事評価面談を行うことを勧めます。どうして四半期に1回がいいのか？　私がそうお勧めする理由を説明します。

2-56　人事評価面談で納得してもらい気づきを与えるためには

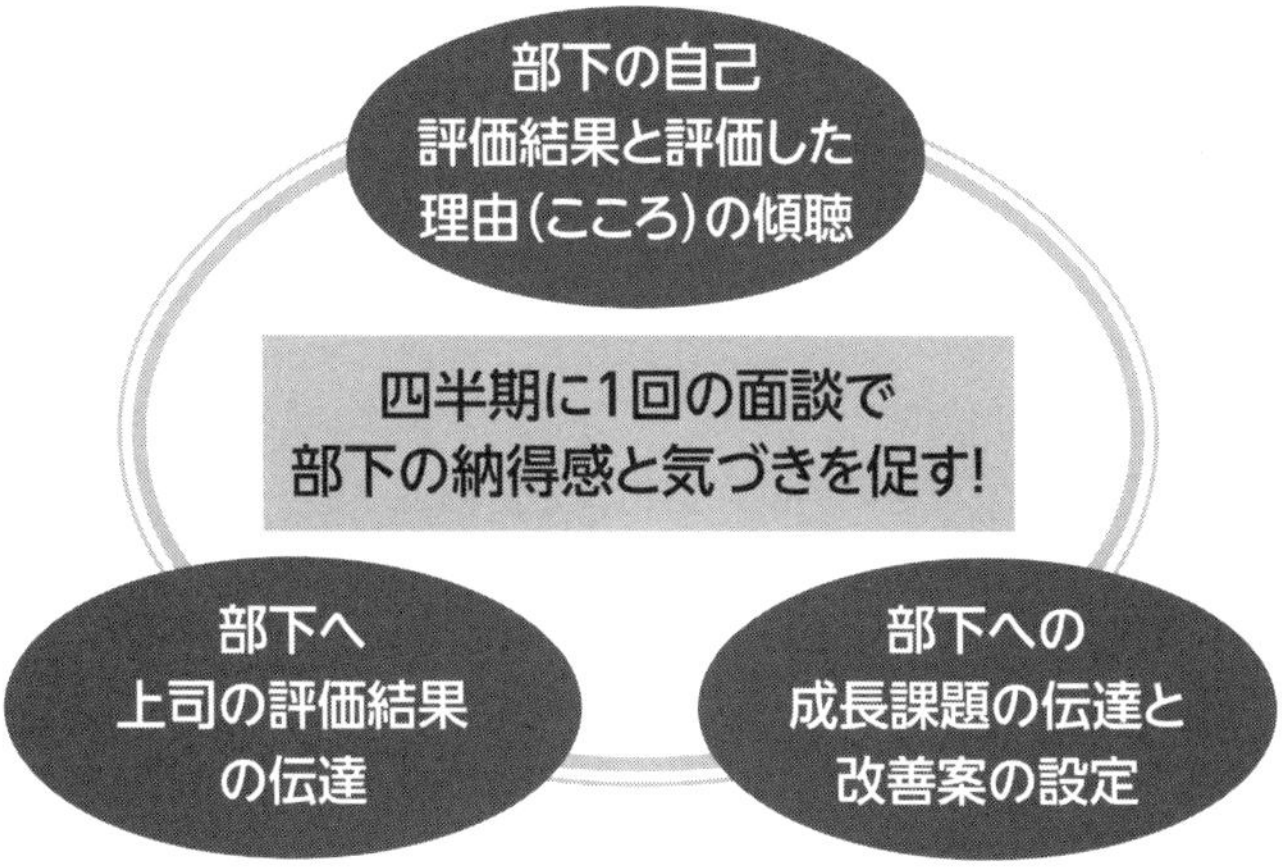
部下の自己
評価結果と評価した
理由（こころ）の傾聴
四半期に1回の面談で
部下の納得感と気づきを促す！
部下へ
上司の評価結果
の伝達
部下への
成長課題の伝達と
改善案の設定

人事評価面談で部下に納得してもらい、それぞれの成長のための課題に気づいてもらうためには、次の3点が重要です。

・部下の自己評価結果や、そのように評価した理由への傾聴
・部下に上司の評価結果を伝達すること
・部下に成長課題を伝達し、改善案の設定をすること

部下の自己評価結果や、そのように評価した理由への傾聴

当たり前のことですが、部下は上司に自分の評価結果を伝えたいと思っていますし、その評

2-57　人事評価面談で部下の話を聴く効果は?

人事評価面談で部下の話を聴く効果

部下への効果

1. 理解され、支えられていると感じる
2. 尊重され、大事にされていると感じる
3. 名もなき存在でなくチームワークの一端を担っていると感じる

上司への効果

1. 部下の想い・考え方・要望・悩みが把握できる
2. 部下が喜ぶ・満足する・嬉しくなる
3. 部下に好かれる・信頼される

価結果への上司のフィードバックも必要としています。もちろん、どうしてそのように自分を評価したかの理由（こころ）や、自分の考えなども聴いてもらいたいと思っています。上司に話を聴いてもらう回数が多いほど、部下は嬉しくなるものです。

そのため、**上司は部下が自己評価の結果や、そのように評価した理由を話しているときには、部下の話を遮ってはいけません。**最後までじっくりと部下の話を聴いてください。

また、部下の話を聴いた直後に、「どうしてそんな評価なの？　自己評価が甘すぎるよ！」なんて感じで、**直前の部下の話を否定してもいけません。**

このようにして上司が積極的に部下の話を傾聴すると、部下は上司に理解され、支えられていると感じます。上司から尊重され、大事にされていると感じれば満足もしてくれるでしょう。悪いことは何もありませんから、上司は面談では傾聴を意識することです。

部下に上司の評価結果を伝達すること

人事評価シートは、評価期間の最初の時点で全社員に共有されているはずです。部下の関心は、このシートでの自分の評価点数がいくつになったかにあります。

そして、評価期間の最終日に自分の評価点数を知っても挽回はできませんが、途中でその評価点数を聞き出せれば、挽回のチャンスが得られます。その機会こそが評価面談なのです。

このとき、挽回のチャンスが1回しかないのでは、なかなかリカバリーできません。リカバリーに失敗したときには後悔しか残りませんから、面談が半年に1回では足りないのです。四半期に1回の評価面談なら、3回は挽回のチャンスがありますから、結果的にリカバリーできなくても本人の後悔は少ないでしょう。

部下に成長課題を伝達し、改善案の設定をすること

年度の途中で挽回し、評価点数をよくするには、四半期に1回の評価面談で自分の評価点数を把握するだけでは足りません。「自分の成長のための課題」にも気づかなくてはいけません。

そのために、上司は評価面談で部下がさらに成長するためにクリアすべき課題を伝え、本人に自覚させる必要があります。

そのうえで課題の解決策を2人で話し合い、決定しましょう。

部下は解決策を実行し、解決できたかどうかを次の評価面談で上司に再度評価してもらいます。「評価結果の伝達→部下の気づき→解決策の立案・設定→解決策の実行→解決策実行後の再評価」、この一連の流れを1回しか回せないと、成長のための課題を解決しにくいです。最低3回は回転させたほうが課題解決につながるので、やはり、人事評価面談は四半期に1回必要になる、というわけです。

いかがでしょうか？

評価面談で社員に納得してもらい、同時に成長のための気づきを与え、自発的に「育っても

らう」ためには、これら3つのポイントを的確に押さえた面談を実施し、かつ、半年に1回ではなく四半期に1回は評価面談を行うことが必須となることを理解してください。

これが正しい考え方

人事評価面談は四半期に1回は実施すべきです。その面談では「部下の自己評価の傾聴」、「上司の評価結果の伝達」、「部下の成長課題と解決策の提示」を実施する必要があります。そうすることで部下の納得感が高まり、成長のサポートができます。

勘違い

17 忙しいときの人事評価面談は、15分から30分くらいでもよい

短時間ではダメ!

これも忙しい会社ではよくある実態なのですが、人事評価面談の所要時間が、15分から30分程度しかとられていないことがあります。

しかし、このような短時間の人事評価面談では、前項で否定した「半年に1回の人事評価面談」以上に課題が山積し、上司は社員からの信頼を失ってしまうでしょう。たとえば以下のような課題が発生してきます。

・評価面談の重要性を上司がまったく認識してないことが露呈してしまう

- 会社として、評価面談の優先度を低く見ていることもわかってしまう
- 部下の評価結果と、本人がそのように評価した理由を十分に聴けない
- 上司の評価結果を一方的に伝えるだけなので、部下の納得感がまったくない
- 部下に評価結果を伝えるだけで終わってしまい、「成長のための気づき」を与えることができない
- 「成長のための気づき」がないので、現状の成長課題の解決策も設定されない

いかがでしょうか？　これらをご覧頂いただけでも、人事評価面談が短いことがとても危険であることがわかるのではないでしょうか。

早急に改善しないと、上司だけでなく、そのような上司の評価面談を黙認している社長や会社そのものに対しても、社員が不信感を抱きかねません。

最低、1時間は面談すること

こうした問題を起こさないためには、面談は最低1時間は実施してください。

2-58　人事評価面談で最低限やるべきこと

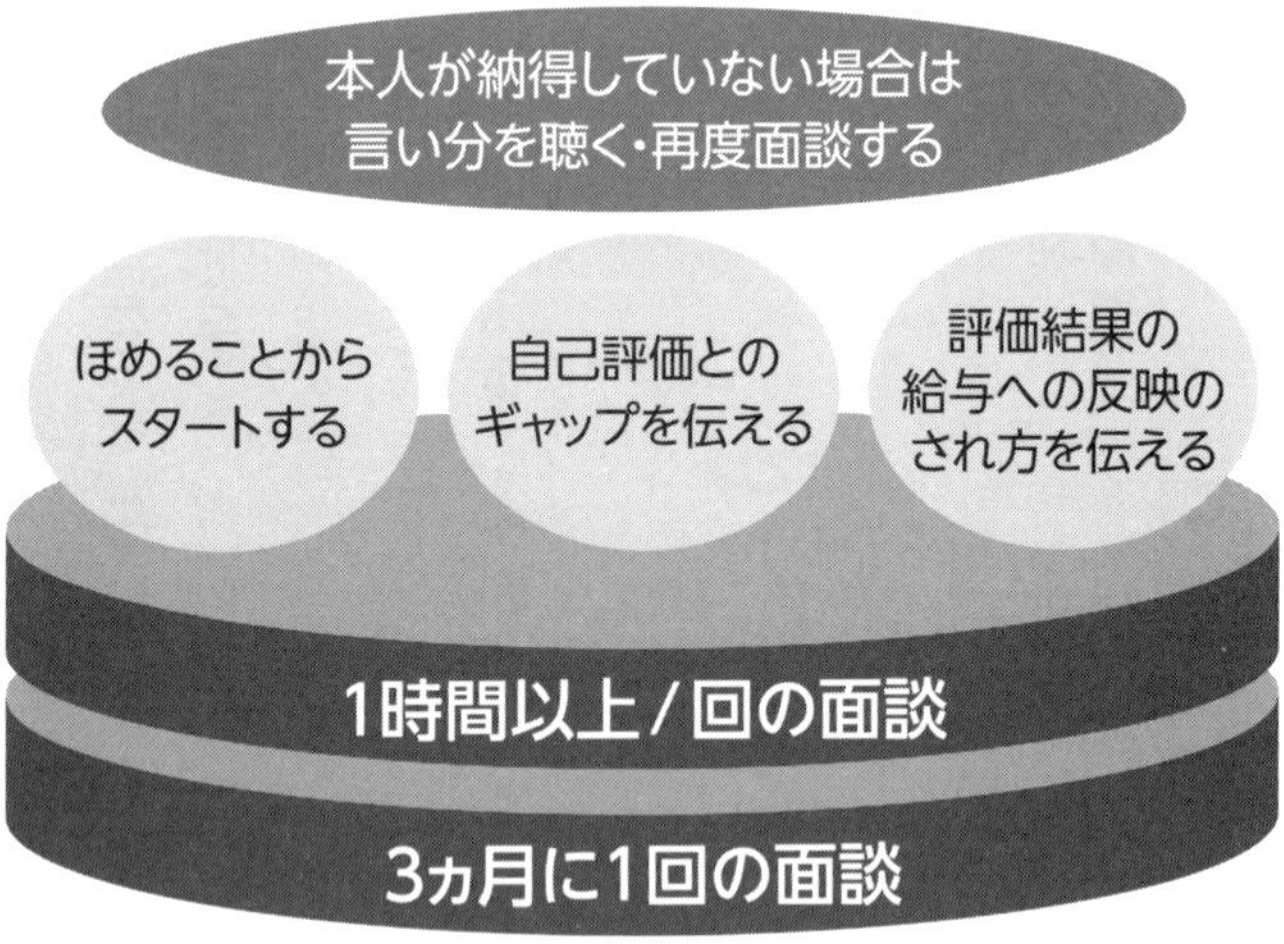
本人が納得していない場合は
言い分を聴く・再度面談する
ほめることから
スタートする
自己評価との
ギャップを伝える
評価結果の
給与への反映の
され方を伝える
1時間以上/回の面談
3ヵ月に1回の面談

と言うと、「面談で1時間も何をやるのか?」と疑問を持つ方もいるでしょう。しかし、部下が評価に納得し、さらに「成長のための気づき」を得るには、次の4つのステップを経ることが重要です。そしてこの4つのステップを順に実施していくだけで、通常、1時間では足りなくなりますから心配無用です。

- ステップ1：ほめることからスタート
- ステップ2：自己評価と上司評価のギャップの伝達
- ステップ3：評価結果の給与への反映のされ方の説明
- ステップ4：本人が納得していない場合は、

2-59　ほめスタ：ほめることからスタートする

山田さん、
XXは、ものすごく
よくできています
マネージャー、
ご評価頂き
ありがとうございます
上司

本人の言い分を聴く（必要に応じて再度面談）

ステップ1：ほめることからスタート

人事評価面談では、上司の評価結果のフィードバックから始めるケースや、部下の自己評価の説明を聴くことから始める場合もあるでしょうが、いずれにしても、上司が部下に話をする場合にはほめることから始めてください。

人事評価シートがある場合は、自己評価よりも上司評価の結果が高い項目のフィードバックから始めます。

「○○さんはXXについては3点をつけていますが、私は5点をつけました。それは……（こ

2-60　シート：おほめ気づきレター

おほめ気づきレター　【2023年4月〜6月】

【おほめ】

1. 3ヵ月間の感謝と総合的なおほめ

感謝と
総合的なおほめ

2. ○○さんの強み（第N四半期に把握できた強み）

本人の強みの伝達
（四半期ごとに追加）

3. この3ヵ月で成長したこと

3ヵ月で成長したこと

【気づき】

4. さらなる成長に向けての気づき

本人への気づき

こで具体的にほめる）……だからです」

このような感じで話をすればいいでしょう。自己評価よりも上司評価の結果が高い項目がない場合や、人事評価シート自体がない場合には、「その部下への感謝」「その部下の持つ強み」「3ヵ月前と現在を比べて、成長したこと」の3つを伝えます。

図2―60をご覧ください。この3つが記載できる書式として、私がお勧めしているのが『おほめ気づきレター』です。

一番上に「3ヵ月間の感謝と総合的な〝おほめ〟」を記載します。次の行に「本人の強み」、さらにその次の行には「3ヵ月で成長したこと」、最後の行に「さらなる成長に向けての気づき」を記載します。特に人事評価シート自体をつくっていない場合には、この『おほめ気づきレター』を活用し、「ほめることからスタート」を実践してみてください。

ステップ2：自己評価と上司評価のギャップの伝達

このステップも人事評価面談では大変重要です。人事評価シートの上司評価と、部下の自己評価との間にあるギャップを伝えますが、先ほど紹介したとおり、まずは自己評価より上司評

2-61 いきなり、部下の高い自己評価を否定しない

価の評価結果が高い項目から伝えてください(＝ほめることからスタート)。

ほめることから伝えると、部下はその間に、耳の痛いフィードバックを聞くための心の準備をすることができます。

逆に、社員の自己評価が上司評価よりも高い項目については、相手を一方的に否定しないよう気をつけながら話していきます。

「○○さん、企画力は5点をつけていたけど、私の評価は3点だよ。○○さんの実力で企画力が高いなんて思ってるの?」などと、社員の自己評価が高すぎることをいきなり叱ったりするのはご法度です。

「○○さんは、企画力に5点をつけたんだね!

2-62　いきなり、部下の高い自己評価を否定せず、問いかける

> ○○さん、企画力は5点をつけたんだ！その"こころ"を教えてもらえませんか？
>
> はい。企画はすごい好きなので、楽しく企画をつくっています。私の企画はそれなりによいのではと思っています。
>
> 上　司

その『こころ』を教えてもらえますか？」というような感じで、どうして自分で高い点数をつけたのか、その理由を教えてもらいましょう。理由を聴くことであまり腹も立たなくなり、その後に叱らなくてもよくなるケースが多いです。

ステップ3：評価結果の給与への反映のされ方の説明

人事評価面談はほめることからスタートし、部下の自己評価と上司評価とのギャップを説明しました。それにより、上司の評価について部下に納得してもらいます。ここまできたら、最後は評価結果が昇給にどう反映されていくかを説明するだけです。

ここで、「評価結果は合計で75点です。昇給額は3000円になります」と機械的に昇給の結果だけを伝えるのは賢明ではありません。ましてや、部下から疑問が出た際に、「私に聞かれてもわかりません。昇給額は社長が決めるので」などと回答をしたら最悪です。部下の納得感は完全になくなるでしょう。

そうならないためにも、会社として評価結果をどのように昇給に反映しているのか、事前に明確に文書化しておくべきですし、上司はそれをしっかり理解しておくべきです。

図2—63をご覧ください。人事評価の点数と昇給への反映の仕方を定めた書式の例になります。図中の1等級またはグレード1は、新人や若手社員のことです。絶対評価を採用し、100点満点のうち50点以上をとれば昇給になります。残念ながら50点未満になると昇給はありません。

一方、図中の2等級またはグレード2以上は中堅社員・管理職になりますので、絶対評価ではなく相対評価で昇給が決まります。評価点数の上位2割は大幅昇給、真ん中の6割は通常の昇給、下位2割は現状維持または減給となります。

このように、評価結果の昇給への反映方法の基準をあらかじめ決めて文書化しておくと、そ

2-63　人事評価結果の昇給・減給への反映例（絶対評価と相対評価）

1等級／グレード1

50点以上	1ランクアップ以上の昇給（定期昇給イメージ）
50点未満	現状維持

2等級以上／グレード2以上

上位20%	2ランクアップ以上の昇給
中位60%	1ランクアップの昇給
下位20%	現状維持／1ランクダウン以下の減給

の基準を説明することで、部下が納得しやすくなるでしょう。

いかがでしたか？　人事評価面談でこれらのステップを順番に踏んでいくだけでも、1時間ではむしろ時間が不足することがイメージできるでしょう。つまり、15分や30分の面談などは論外なのです。

ステップ4：本人が納得していない場合は、本人の言い分を聴く（必要に応じて再度面談）

最後に、本人が評価結果に納得しない場合には、とことん本人の言い分を聴き、必要に応じて再度面談をしてください。

「自己評価とのギャップの伝達」や「評価結果の給与への反映のされ方の説明」をしている最中に、部下が上司の評価結果や昇給額に納得していない場合には、すぐにそうとわかります。そういうときはどうすればいいのでしょうか？

その場合は、まず部下の言い分を聴きましょう。聴く：話す＝10：0の割合でとことん部下の言い分を聴き、1回目の人事評価面談はそのまま終了させます。そのうえで、1週間後を目処に再度面談をします。

2回目の面談でも最初は部下の言い分をとことん聴きましょう。聴いたあとで、上司がそのように評価した意図や理由を説明します。それでも本人が納得していないようであれば、そこで人事評価面談を終了し、さらにもう1回面談をします。

さらに1週間後に3回目の面談を行い、ここでも最初は部下の言い分をとことん聴きます。すると、大抵は本人の言い分を聴いた段階で部下が納得している可能性が高いです。

さすがに、上司からの反論が一切ない状態で、上司に2回も言いたいことを言わせてもらうと部下の気持ちは収まることが多いです。

評価結果に納得していない部下に対して、ここまでやるのかと思われた方も多いでしょう。もちろん、部下全員に対してここまでやる必要はないでしょう。**MVV（企業理念・ビジョン・行動指針やバリュー）に賛同している部下だけに、3回の人事評価面談を行う**ことをお勧めします。

ちなみにMVVに賛同していない社員に対しては、1、2回対応した時点で粛々と昇給や減給、昇格や降格などの人事処理を進めます。それで本人が納得せず、退職などが発生したとしても、MVVに賛同していないのですから大きな問題にはなりません。

2-64　評価結果に納得していないときには最大で3回以上の面談実施

1回目

聴く：話す ＝ 100：0

①ほめることからスタート
- まずは本人への評価が高い項目からほめてあげる
- 強み、成長したことも伝える

②気づき／昇給額の伝達
- 成長のための気づき／昇給金額を伝える

③本人の言い分を聴く
- 気づきや昇給金額に納得していないようであれば、本人の言い分だけをひたすら聴く

2回目（1週間後）

聴く：話す ＝ 90：10

①本人の言い分を聴く
- まだ、評価結果や昇給金額に納得していないようであれば本人の言い分をひたすら聴いてあげる

②評価結果／昇給金額の“こころ”を伝達
- どうしてそのような評価結果や昇給金額にしたかの意図・本意を説明する

3回目（1週間後）

聴く：話す ＝ 70：30

①本人の言い分を聴く

②本人の納得
- おそらく、3回目には本人が納得している

③成長のための気づきの伝達
- 本人の成長のための気づきを伝える

④成長するための取り組み
- 本人と成長のための取り組みを考える

本人の納得と気づき

社長の譲れない想いと考え方に合わない社員にもここまでやるかどうかは、慎重に検討する

なお、人事評価面談の具体的な進め方については、第3章③でも説明しますので、そちらも参照してください。

これが正しい考え方

どんなに忙しくても、人事評価面談は毎回1時間以上は実施してください。「部下の自己評価結果の傾聴」→「自己評価と上司評価のギャップの伝達」→「部下の成長課題と解決策の提示」→「評価結果の給与への反映方法の説明」の順で実施しましょう。

第3章

人事評価制度で成功するコツ

1 人事評価制度を上手に構築・改良していくための基本とは

ここまでお読み頂き、人事評価制度に対しての認識が変わり、誤解していた方は誤解が解け、そうでない方はより深い理解をしてもらえていれば幸いです。最後となる本章では、どうすれば人事評価制度の構築や改良がうまくいき、成功するのか、本書でここまで解説してきた内容をわかりやすくまとめて紹介していきます。

基本的な進め方は、以下のとおりです。

手順1　まずは、社長が人事評価制度に対して適切な認識をする
手順2　次に成功のポイントを外さずに、人事評価制度を構築・改良する
手順3　そして、社員に過度な期待をさせず、理解しやすいシンプルな人事評価制度を導入

3-1　人事評価制度を上手に構築・改良していくための基本的な進め方

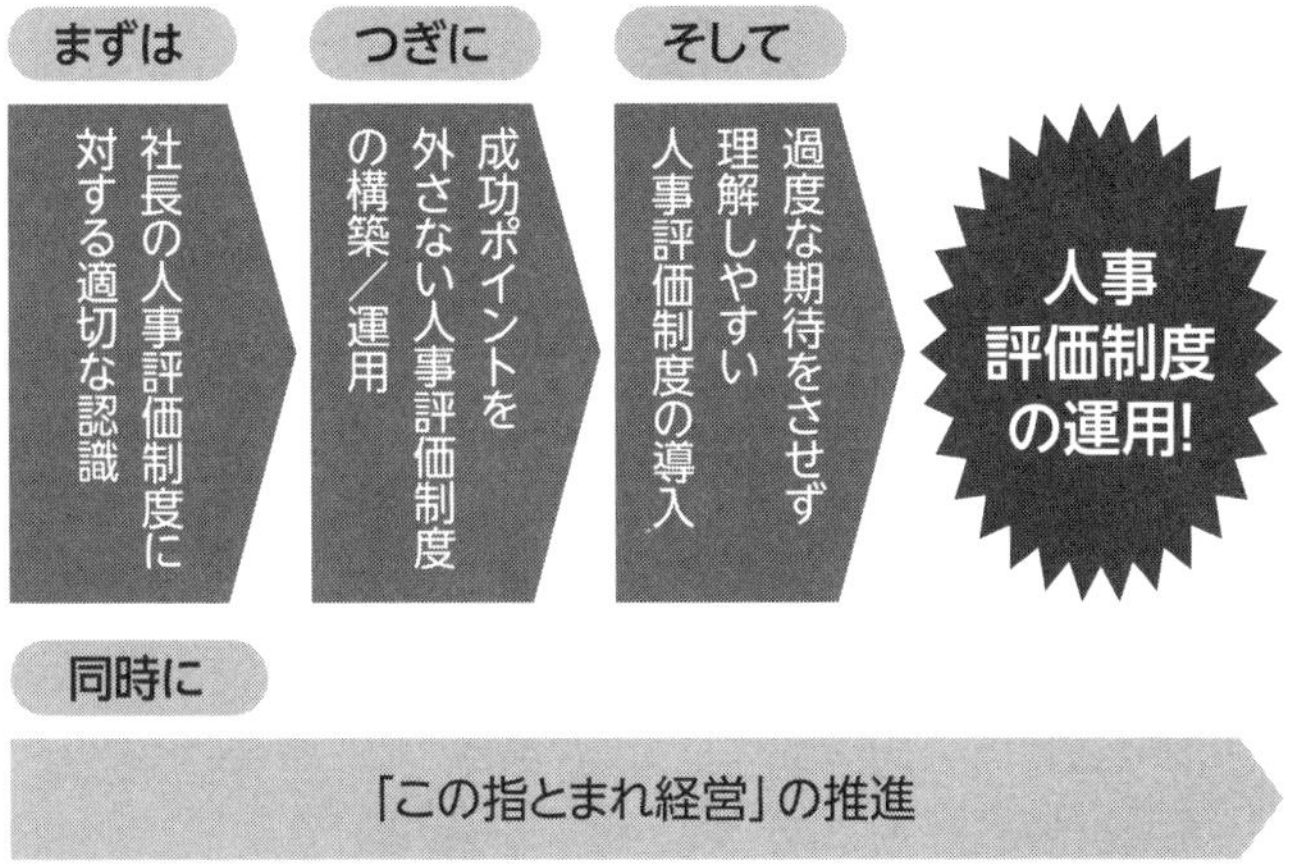
まずは
社長の人事評価制度に対する適切な認識
つぎに
成功ポイントを外さない人事評価制度の構築／運用
そして
過度な期待をさせず理解しやすい人事評価制度の導入
人事評価制度の運用!
同時に
「この指とまれ経営」の推進

手順4　同時に「この指とまれ経営」をゆっくりと推進する

このうち手順1から手順3にかけての3つの段階を経て、人事評価制度の構築や改良を進めていけば、高い確率で成功できるでしょう。

まず、制度の構築や改良に着手する前に、社長が人事評価制度に対して適切な認識を持つことが極めて重要です。詳細は次項でも紹介します（➡3章②）。

そのうえで、成功のポイントを外さずに人事評価制度の構築や改良をしていきます。こちらについても、6つの成功のポイントをこのあと紹介していきます（➡3章③）。

加えて、構築・改良した人事評価制度の導入後に、社員に新制度に対する過度な期待をさせず、かつ、しっかりと理解してもらえるようなシンプルな形で適切な導入を行います。こちらも、5つの導入上のポイントをのちほど紹介していきます（➡3章④）。

「この指とまれ経営」で一体感のある体制をつくる

加えて、人事評価制度の構築や改良、さらには導入を実施しながら、同時に「この指とまれ経営」を推進することを私はお勧めしています。

「この指とまれ経営」とは、**「社長の譲れない想いや考え方（MVV）に賛同する社員と社長との全員参加型経営」**のことです。MVVについてはすでに何度も詳述していますが、具体的には企業理念／ミッション、ビジョン、行動指針／バリューのことです。

第1章でも解説しましたが、MVVに賛同しない社員は、新たに設定する人事評価制度に納得することがありません。不平・不満を言い募《つの》り、周りの社員にも悪影響を与えるでしょう。

そのような社員とは、MVVに賛同してもらえるようにじっくり話し合いますが、それでも賛同してくれないようであれば会社を卒業してもらうよう促します。そのようにして、MVVに賛同してくれる社員らとともに会社経営をしていくのが、「この指とまれ経営」です（詳細➡3章⑤）。

2 人事評価制度に対する適切な認識を持つ

社長の人事評価制度に対する認識がずれたままだと、どれだけ経っても社長の期待どおりの人事評価制度になりません。次の5つの認識を持ち、社長の期待を実現できる人事評価制度にしていきましょう。

- **そもそも、人が人を評価すべきでないし、便利なルールはない**
- **人事評価制度は「魔法の杖」ではない**
- **社長が社員を心血注いで見るしかない**
- **心血注いで見られる上司（評価者）を社長が育てるしかない**
- **人事評価結果の説明と、成長に向けての気づきを与えられる人事評価面談に時間をかける**

3-2　人事評価制度に対する社長の適切な認識

1	そもそも、人が人を評価すべきでないし、便利なルールはない
2	人事評価制度は魔法の杖ではない （モチベーションと業績向上の道具でなくモチベーションを下げない道具）
3	社長が社員を心血注いで見るしかない
4	心血注いで見られる上司（評価者）を社長が育てるしかない
5	人事評価結果の説明と成長に向けての気づきを与えること（人事評価面談）に時間をかけるべき

そもそも、人が人を評価すべきでないし、便利なルールはない

何度も述べているように、人事評価は「神への冒涜行為」なので、本来は人が人を評価するべきではありません。しかし、社員の給与・賞与を決めるためには評価せざるをえないので、人事評価は避けられません（➡1章①）。

「神への冒涜行為」に手を染める以上、ギリギリの緊張感と畏怖を持って人事評価をするしかありません。この考え方を大前提に、社員の評価をしていきましょう。

ちなみに、弊社では人事評価をする前に評価者全員で、本書でも何度か触れた松井道夫氏の

3-3　人事評価制度は魔法の杖ではない

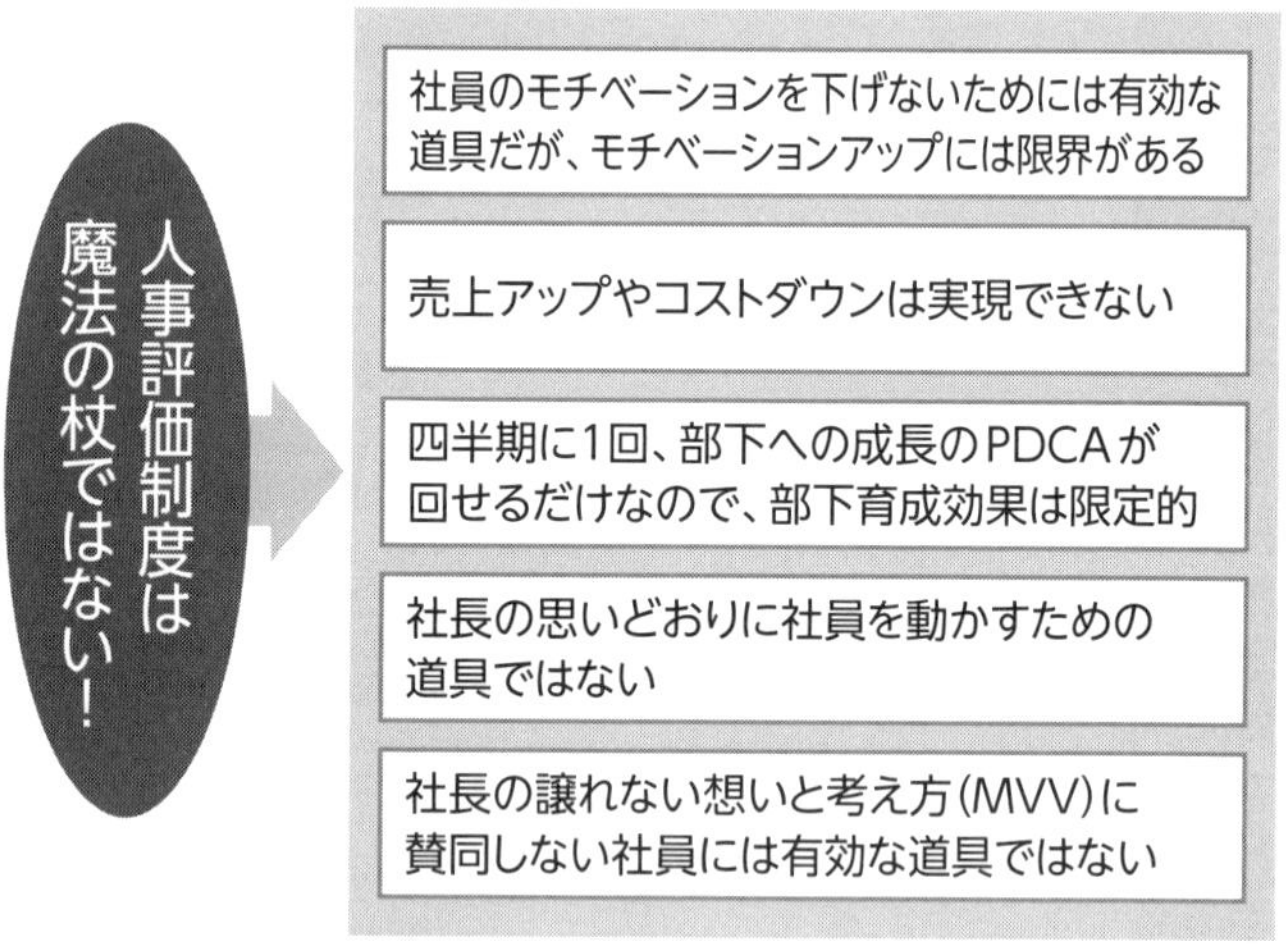
人事評価制度は魔法の杖ではない！
社員のモチベーションを下げないためには有効な道具だが、モチベーションアップには限界がある
売上アップやコストダウンは実現できない
四半期に1回、部下への成長のPDCAが回せるだけなので、部下育成効果は限定的
社長の思いどおりに社員を動かすための道具ではない
社長の譲れない想いと考え方（MVV）に賛同しない社員には有効な道具ではない

『好き嫌いで人事』の一節を音読しています。

同じく、故・稲盛名誉会長の言葉にあったとおり、人を評価するということほど難しいことはありません（⬇1章①）。人事評価に便利なルールはないという前提で、人事評価制度の構築や改良・運用をしていきましょう。

人事評価制度は魔法の杖ではない

人事評価制度は「魔法の杖」ではない、という認識もしっかりと持つようにしてください。図3―3に示すとおり、社長は人事評価制度に対して多くの期待を抱きますが、ほとんど社長の期待どおりにはいかないと思ってください。

第1章でも示したように、そもそも人事評価

3-4　人事評価制度は魔法の杖ではないので気をつける

社員のモチベーションを下げないためには有効な道具だがモチベーションアップには限界がある	→ 人事評価制度をモチベーションアップのための施策にしない
売上アップやコストダウンは実現できない	→ 人事評価制度を売上アップやコストダウンのための施策にしない
四半期に1回、部下への成長のPDCAが回せるだけなので、部下育成効果は限定的	→ 人事評価制度をメインの人材育成の施策にしない
社長の思いどおりに社員を動かすための道具ではない	→ 社長に適切な認識を持ってもらう
社長の譲れない想いと考え方（MVV）に賛同しない社員には有効な道具ではない	→ 社長の譲れない想いと考え方（MVV）に賛同する社員のために構築・改良する

制度は、そこまで社長の期待に応えられる道具ではありません（➡1章②）。したがって、図3―4に示すような対応を心がけましょう。

社長が社員を心血注いで見るしかない

社員は、社長や上司が心血注いで見ることでしか成長しません。これも故・稲盛名誉会長の言葉にあったとおりですが、「人事評価に便利なルールはない」のです。

人を真剣に評価しようと思えば、社長が全社員を心血注いで見なくてはなりません。

ただし、社員数が20人くらいまでであれば社長が全社員を見られますが、それ以上になると、全社員を社長1人で見るのは物理的に不可能になります。そうなったら、会社として次の段階に入っていかなくてはなりません。

心血注いで見られる上司（評価者）を社長が育てるしかない

そこで、心血注いで部下を見られる上司（評価者）を、社長が育てていきます。

管理職に対して、「○○さんへの評価が甘いぞ」とか「○○くんをどうして主任に推薦しないの?」といった指摘をすでにしている社長は多いでしょう。そうした指摘も有効ではありますが、**評価はあくまで、上司による毎日の部下の観察から始まります**。個々の事象へのアドバイスだけでは限界があります。

社長は、自らが社員のどのような言動や姿勢を見て人事評価しているのか、個々の社員の成果をどう考えているのか、社員の観察においてどんな部分を大事に考えているのか、そうしたノウハウや想いの部分こそを上司に伝え、教育するようにしてください。

また、部下から信頼・尊敬されていない上司は評価者としては失格ですから、部下から信頼され、尊敬されている人を選んで社長が育て、管理職に昇進させるようにしましょう。

その管理職に社長の評価権限を少しずつ委譲し、心血を注いで部下を見てもらい、人事評価もさせていきます。

人事評価面談に時間をかけるべき

最後に、人事評価面談についての認識も大切です。人事評価面談について、みなさんはどのような認識を持っていますか?

3-5　人事評価で社員の納得感を高めるための本質的な要素

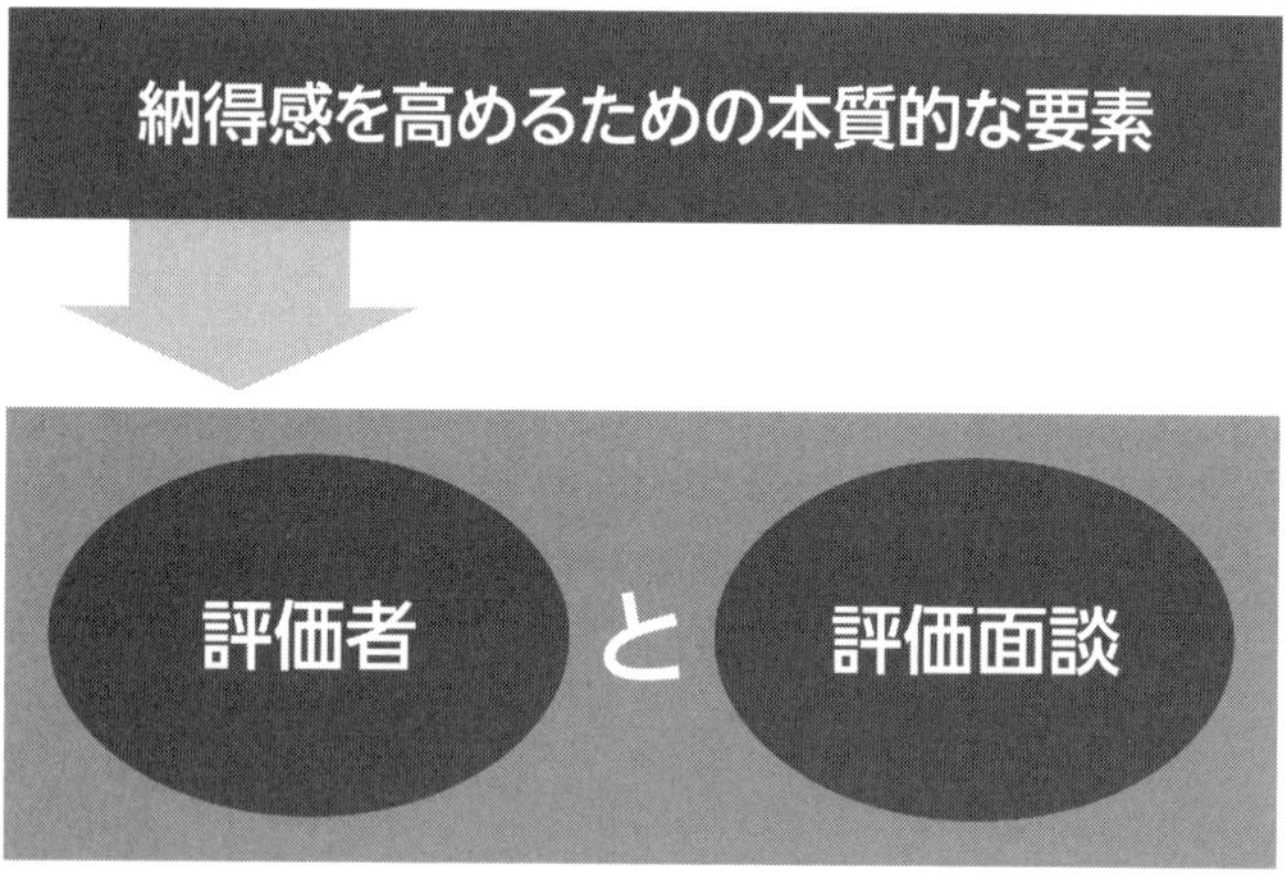

上司の評価結果と昇給額を伝える場、部下と上司の評価のズレを認識させる場……もしこのような認識にすぎない場合には、改めたほうがいいでしょう。

人事評価面談の本当の狙いは、部下の「納得」と「気づき」です。納得していないようであれば何回でも面談をする必要がありますし（もちろん、社長の譲れない想いと考え方に賛同している社員だけへの対応です）、部下が自分の課題に気づき、改善していきたいと思ってもわらなくてはいけません。当然、面談後には部下の課題を解決できる成長プランも完成している必要があります。

面談時間も15分や30分では全然足りません。

30分で自分の評価に対して納得し、成長のための課題を受け止め、解決していきたいと部下に思ってもらうことはできません。

自分の給料や賞与を決定する人事評価の内容を伝えてもらう場なのに、上司が少しの時間で面談をしていれば、上司・社長の人事評価に対する優先度が低いと思われ、最悪の場合には社長や会社全体への不信感にまでつながってしまいます。

このあたりの詳細は、第2章でも紹介したとおりです（➡2章⑯⑰）。

3 人事評価制度の構築や改良に成功するための6つのポイント

タイミングや状況が大事

社長が人事評価に対して適切な認識を持てたら、いよいよ人事評価制度の構築や改良に着手します。このステップを成功させるためのポイントを6つにまとめます。

・人事評価制度の構築や改良を成功させるための前提条件をクリアする
・給与と賞与の評価に対する基本的な考え方を設定する
・人事評価制度の抜本的な改革をしない
・社員数が20人を超えたら人事評価制度を構築する

3-6　人事評価制度の構築や改良の成功ポイント

1	人事評価制度の構築や改良が 成功するための前提条件をクリアする
2	給与と賞与の評価に対する基本的な考え方を 設定する
3	人事評価制度の抜本的な改革をしない(失敗する)
4	20人を超えたら人事評価制度を構築する (それまでは社長のあたま評価で十分)
5	業績好調時に人事評価制度を大幅に改良する
6	運用改善(評価者・評価面談・評価シート)を ベースに改良する

・人事評価制度を大幅に改良するのは業績好調時に

・運用改善（評価者・評価面談・評価シート）をベースに改良する

これらについても、基本的には本書でここまで解説してきた内容のまとめとなりますが、新しい内容も含まれていますので復習のためにひとつずつ解説していきます。

ポイント①：人事評価制度の構築や改良を成功させるための前提条件をクリアする

人事評価制度を構築や改良する前に、最低限これだけはクリアしていないと失敗する項目が

3-7　構築や改良が成功するための前提条件

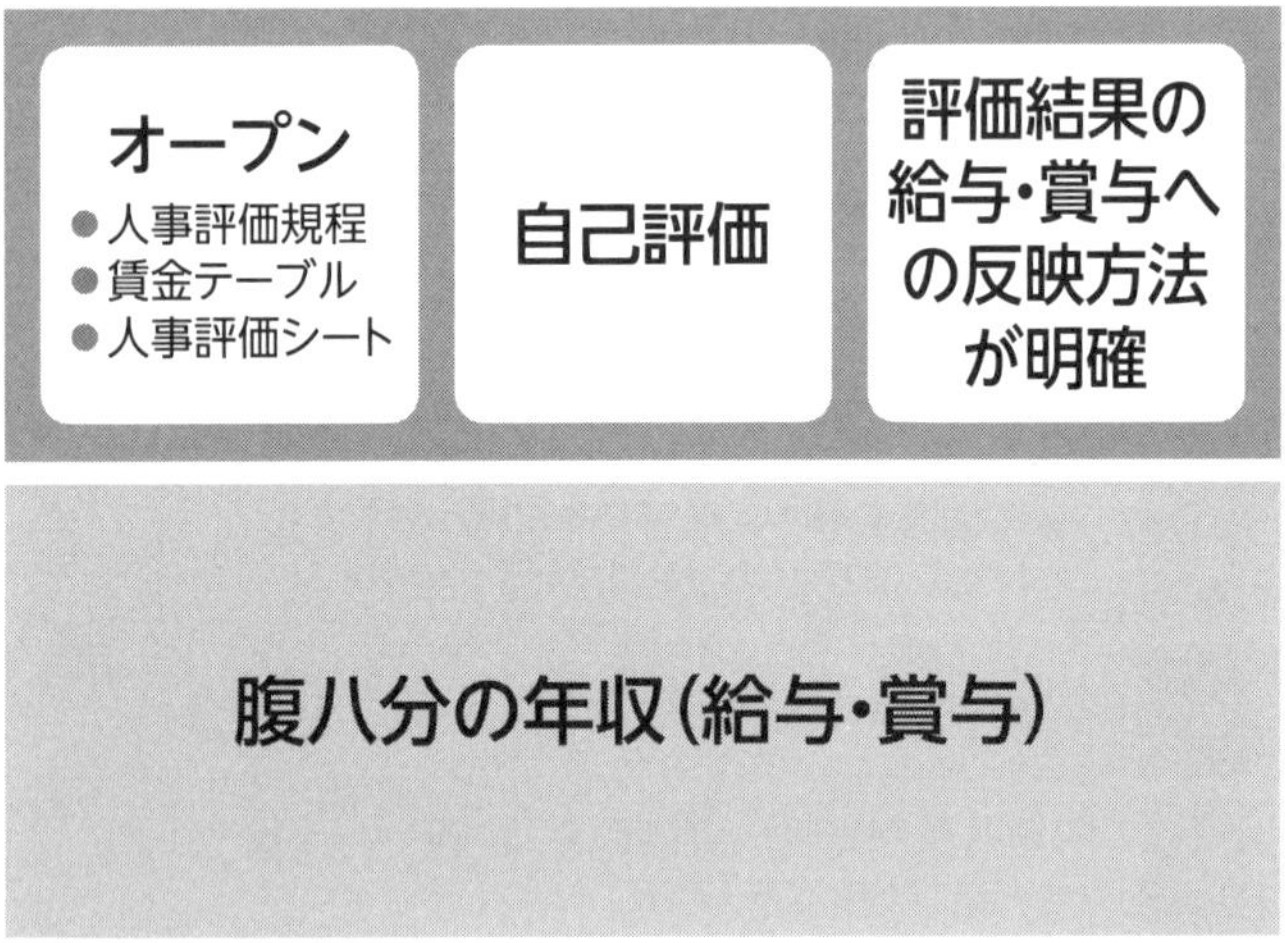

「腹八分の年収」、「オープン」、「自己評価」、「評価結果の給与・賞与への反映方法が明確」の4つです。

腹八分の年収

ひとつ目の「腹八分の年収」ですが、これは**腹八分の年収もない社員がほとんどの会社が、人事評価制度の構築や改良をしても大きな効果はない**、ということを指しています。

この場合の「腹八分の年収」とは、図3―8に示すとおり「業界平均の年収より少し高い年収」です。これくらいの年収がないと、転職したほうが年収が高くなるので、社員の転職リスクが高まります。人事評価制度の構築や改良を

3-8　腹八分の年収とは

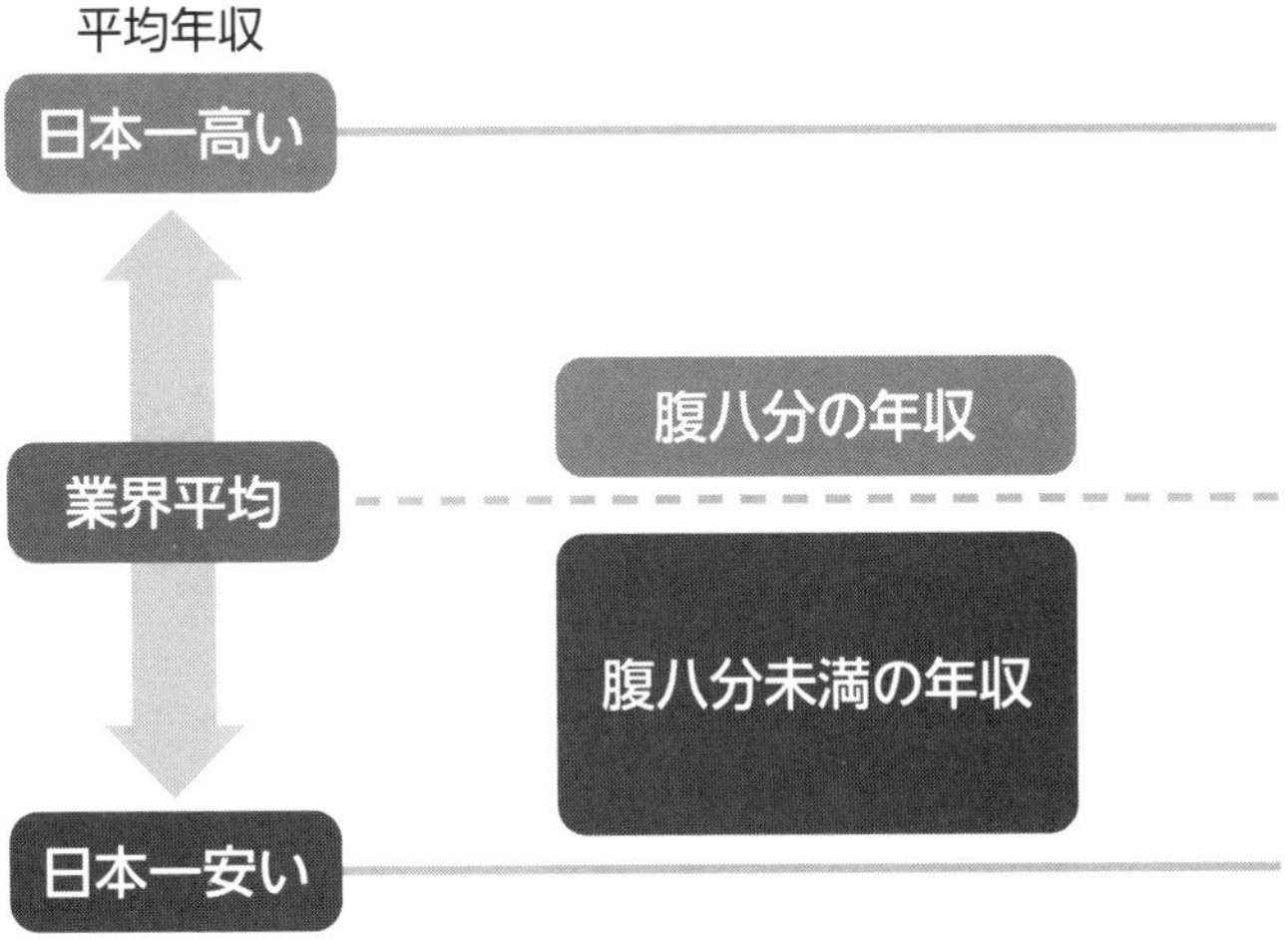

しても、会社全体の利益が少ないので全員の年収を上げることもできません。

　こうした状態の会社が人事評価制度でできることは、評価の低い社員の年収を下げて、評価の高い社員の年収を上げることだけです。総額人件費を変えずに人件費の配分を変える方法、と言うこともできるでしょう。

　評価結果が高く、年収が上がった社員は一時的には喜ぶかもしれませんが、評価結果の低い他の社員の年収を巻き上げて、自分たちだけがよい待遇でいることに抵抗感が生じるので、その喜びも長続きはしません。

　いずれにせよ、残念ながら社員に腹八分の年収がない会社は、人事評価制度の構築や改良に着手する前に会社の売上を伸ばさなければなりません。社長と幹部、社員が一丸となって売上を伸ばし、業績連動賞与をきちんと支給することから始めましょう。

継続的な売上アップが実現でき、社員に腹八分の年収を支払うことができた段階で、人事評価制度の構築や改良に取り掛かってください。

オープン

2つ目は「オープン」です。少なくとも作成または改良した「人事評価シート」、「人事評価のルールブック（人事評価規程）」、「賃金テーブル（給与テーブル・号俸表等）」の3つは、全社員にオープンにしている必要があります。

おそらく、賃金テーブルを作成していない、あるいは作成はしているがオープンにしていない会社は多くあるでしょう。しかし、賃金テーブルをオープンにしないと、「うちの会社で長く働き続けたら給料はいくらになるのかな？」、「課長になったら、給料はいくらもらえるのだろうか？」といった社員の内心の疑問に応えることができません。

賃金テーブルをふだんからオープンにしておき、そのような疑問に応えることで、社員の将来への不安を解消できます。

自己評価

3つ目は「自己評価」です。人事評価シートがある会社は、社員に自己評価をさせていますか？　させていないのであれば、ぜひ自己評価をさせましょう。

社員は仕事について、「自分は結構できていると思っているのだけど、上司はどう思っているのかな？」、「自分と上司の評価にはどのくらいギャップがあるのだろう？」といった疑問を抱いているものです。

自己評価の仕組みを導入することで、こうした社員の疑問に応えてあげるべきでしょう。人事評価面談では、部下の自己評価と上司の評価の間にあるギャップを部下に伝えながら、部下に上司の評価に納得してもらいます。

これから人事評価制度を構築する会社は、人事評価シートの自己評価については基本的に実施する方向で設計するようにしてください。

評価結果の給与・賞与への反映方法が明確

４つ目に、「評価結果の給与・賞与への反映方法が明確」なことも大切です。人事評価制度がある会社は、人事評価の結果が給与や賞与にどう反映されるかを必ず文書化するようにしましょう。そのうえで社員にもオープンにして、会社全体で共有しておきます。

これらの文書が明確に社員に共有されていないと、社員の人事評価制度への納得感がなくなります。

人事評価シートは運用しているが、その結果の給与や賞与への反映は社長が独断で決めている場合には、「人事評価シートの結果を参考に、社長が給与・賞与を決めています」と文書化します。可能であれば、社長のあたま評価の内容を文章化して開示できれば、なおよしです。

これから人事評価制度を構築する場合には、人事評価結果が給与・賞与にどう反映されるかをしっかり設計し、文書化するのを忘れないでください。

ポイント②：給与と賞与の評価に対する基本的な考え方を設定する

第２章の④でも紹介しましたが、人事評価の対象となる期間には過去と未来しかありません。

具体的には、今期1年間の成果と貢献への評価である「過去の評価」と、来期以降どこまで会社に貢献してもらえるかどうかの予想評価である「将来の評価」の2つになります。

次ページの図3―9をご覧ください。社長が、給与と賞与に反映させる評価についてどのように考えているかの基本的な基準を設定する際、切り口となる図です。給与と賞与を過去の成果で決めるのか？　将来への貢献で決めるのか？　これが決めるべきポイントです。

環境の変化が現在のように激しくない時代であれば、過去の成果と将来への貢献はほぼ同じになるので、今期1年間に成果を出した社員は、来期以降にも同様の成果を出せるでしょう。したがって、過去の成果で給与と賞与を決めてもリスクはありませんでした。

しかしVUCAの時代になった現在、今期1年間に成果を出した社員が、来期以降も同様に成果を出せる保証はありません。過去の成果をベースに給与や賞与を決めてしまうと、来期以降に給与の払いすぎリスクが発生する可能性があります。

一方で、今期に成果を出していない社員の評価を低くして給料を上げないことにすると、来期以降に成果を出した場合に、その社員は給料が安すぎるという理由で退職してしまうリスクが出てきます。

3-9　給与と賞与の基本的な考え方

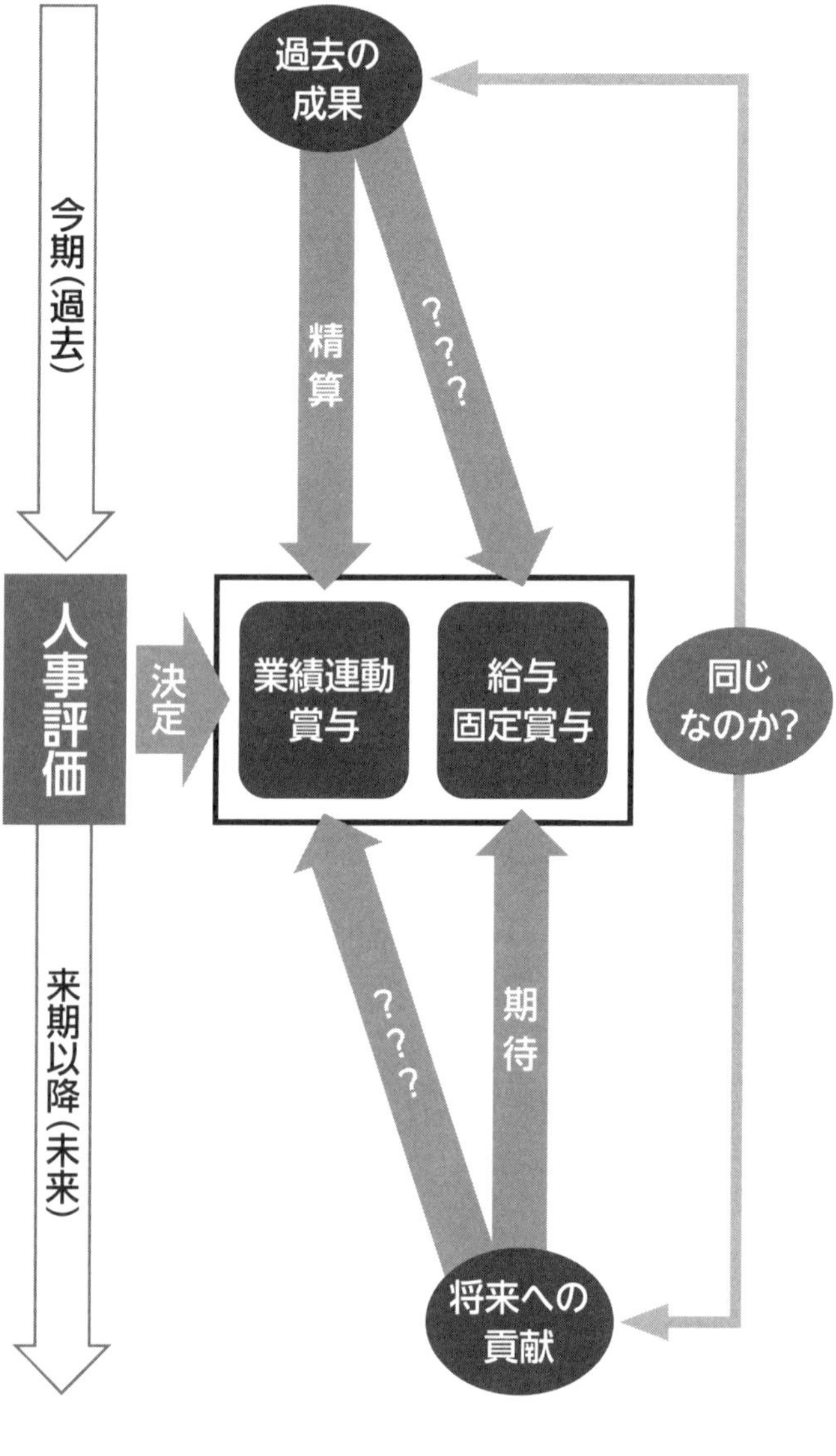

こうした事情があるため、人事評価制度の構築や改良をする前に、「給与と賞与の評価に対する社長の基本的な考え方」を設定する必要があるのです。

ひとつの例は、過去の成果は賞与で清算するという考え方です。具体的には業績連動賞与（インセンティブ）で過去の成果に報います。

給与については過去の成果ではなく、将来どのような貢献ができそうか、有している能力等で評価し決定します。

その結果、給与と賞与の評価方法が別々となります。業績連動賞与の評価は一定の計算式で、給与の評価は人事評価シートによる、といったイメージです。設定例を次ページの図3―10に示しますので参考にしてください。

「給与と賞与の評価に対する社長の基本的な考え方」をきちんと設定したあとに人事評価制度の設計に入ることで、環境の変化に対応できる人事評価制度の構築・改良ができるようになります。

3-10　給与と賞与の基本的な考え方（決定案）

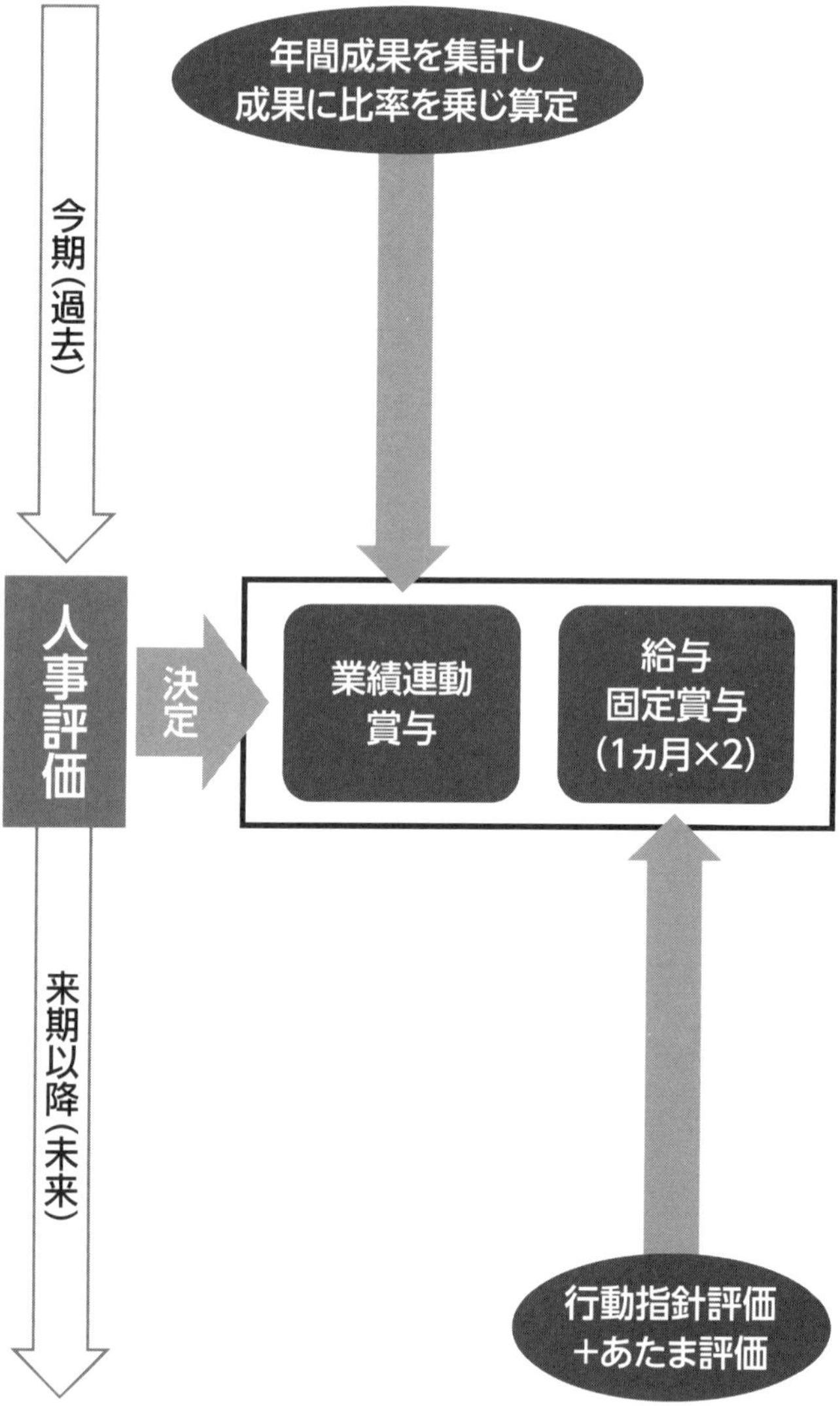

ポイント③：人事評価制度の抜本的な改革をしない

「人事評価制度を改革して成果主義の人事評価制度に」、「人事評価制度の改革によって、従業員がより働きやすい環境を整える」、「人事評価制度の改革により、社員のモチベーションアップを実現」、「いまの時代に成果を出せる人事評価制度改革」といった掛け声によって、いまある人事評価制度を抜本的に改革したがる会社は数多く存在します。

ここまでお読み頂いた賢明な読者であれば、このような大規模な改革がうまくいかないことをご理解頂けているでしょう。

第1章の①で示した、「人事評価制度がうまくいかない原因」5つを再度紹介しておきます。

- **本来、人が人を評価すべきではないから（神への冒涜）**
- **そもそも、人の評価は難しいから（便利なルールはない）**
- **社長の期待が高すぎる／認識がずれているから**
- **社員の給料が上がる期待に応えきれないから**

3-11　人事評価制度の抜本的な改革がうまくいかない5つの理由

❶本来、人が人を評価すべきではない（神への冒涜）
❷そもそも、人の評価は難しい（便利なルールはない）
❸社長の期待が高すぎる／認識がずれている
❹社員の給料が上がる期待に応えきれない
❺MVVに賛同していない社員の存在

・ＭＶＶに賛同していない社員が社内に存在するから

ひとつ目、２つ目の原因で明確なように、そもそも人事評価制度はうまくいきにくいものです。先ほど示したような掛け声で社員を鼓舞し、社員の期待を煽りすぎると、期待どおりにいかないときに反動で大変なことになります。そもそもＭＶＶに賛同していない社員には、どんな改革も無意味です。

人事評価制度の抜本的な改革は、中小企業やベンチャー企業ではうまくいきません。くれぐれも「改革」の２文字に踊らされることなく、堅実な人事評価制度の構築や改良をしていってください。

ポイント④：社員数20人を超えるまでは、人事評価制度がなくても大丈夫

会社を起業し、事業が順調に伸びていくと社員を採用して会社規模が拡大していきます。このうち、社員が10人くらいの段階の会社では、どのように人事評価制度を運用しているでしょうか？

一般的には、社長が全社員の仕事ぶりを観察し、会話をすることで給与・賞与・役職などを決めています。このような人事評価制度を、私は「社長のあたま評価」と呼んでいます（➡2章④）。人事評価コストが0円で、社員の納得感も高い最高の人事評価制度です。

しかし私の自社での経営経験や、コンサルティングで多くの会社を見てきた経験では、「社長のあたま評価」は社員数20人から30人くらいで限界に達します。さすがの社長でも、社員数が20人を超え始めると物理的に適切な評価ができなくなります。そのようなタイミングでは、次のような事象が起きることもあります。

3-12　社長のあたま評価はうまくいくが、20人を超えるとうまくいかなくなる

創業
1人→3人→5人→10人→20人
いまが構築タイミング
社長のあたま評価がうまくいっている
社長がいてもらいたい社員が辞めた
最近、一部の社員が仕事で手を抜き始めた
社長のあたまの中の言語化
人事評価シート

- **社長がいてもらいたい社員が辞めてしまう**
- **一部の社員が仕事で手を抜き始める**

この2つの事象が発生したら赤信号と捉えて、「社長のあたま評価制度」から卒業するタイミングだと認識しましょう。それなりに仕組み化された人事評価制度の構築が必要です。

そして、このタイミングでの人事評価制度の構築はうまくいきます。社長のあたまの中を言語化することが究極の成功ポイントです。具体的な構築にあたっては、「賃金テーブルの作成」と「昇格要件の言語化」から始めることをお勧めします。

賃金テーブルの作成

まずは「賃金テーブル」を作成することにより、等級・グレードなどを同時に整備できます。

中小ベンチャー企業であれば5つの等級（等級1～等級5まで）、あるいは5つのグレード（グレード1～グレード5まで）を設定すれば十分でしょう。

等級であれば各等級をさらに号数（グレードであれば各グレードをランク）などに分解し、号数やランク別に基本給などを設定していきます。

昇格要件の言語化

次に、等級やグレードが昇格（例：3等級➡4等級、グレード3➡グレード4）するときの昇格要件を言語化します。資料として、次ページの図3―13に3等級／グレード3➡4等級／グレード4へ昇格するときの昇格要件を例示しておきます。

「社長のあたま評価制度」のときには社長のあたまの中にあった、2等級／グレード2に必要な力量や条件、3等級／グレード3に必要な力量や条件、4等級／グレード4に必要な力量や条件、5等級／グレード5に必要な力量や条件を、それぞれ言語化してください。

3-13　4等級／グレード4の昇格要件例

	4等級／グレード4
昇格要件	1. 企業理念・ビジョン・行動指針に賛同し誰よりも実践している 2. 完全自力受注でNNNN万円以上を獲得できる営業力がある 3. メンバーのマネジメント力がある ●メンバーから信頼を失う言動がない ●メンバーに興味・関心がある ●メンバーへの熱意がある 4. 経営会議で承認される

これらの昇格要件を社員がクリアすれば、特段の事情がなければ昇格できるというわけです。このとき、降格要件も併せて言語化してもいいでしょう（➡2章⑮）。

なお、昇格要件が言語化できたら、昇給については しばらく社長のあたま評価制度を継続してもいいでしょう。経験的に、**昇給要件の言語化・仕組み化はそこまで急がなくても、かなりの社員数になるまで対応できます。**

管理職の意見も聞きつつ、社長のあたま評価で来期以降、標準的に成長しそうな社員は2Aから2Bへの昇給（1ランクの昇給［月額2000円～5000円の昇給］）、来期以降、最速で成長できそうな社員については2Aから2D

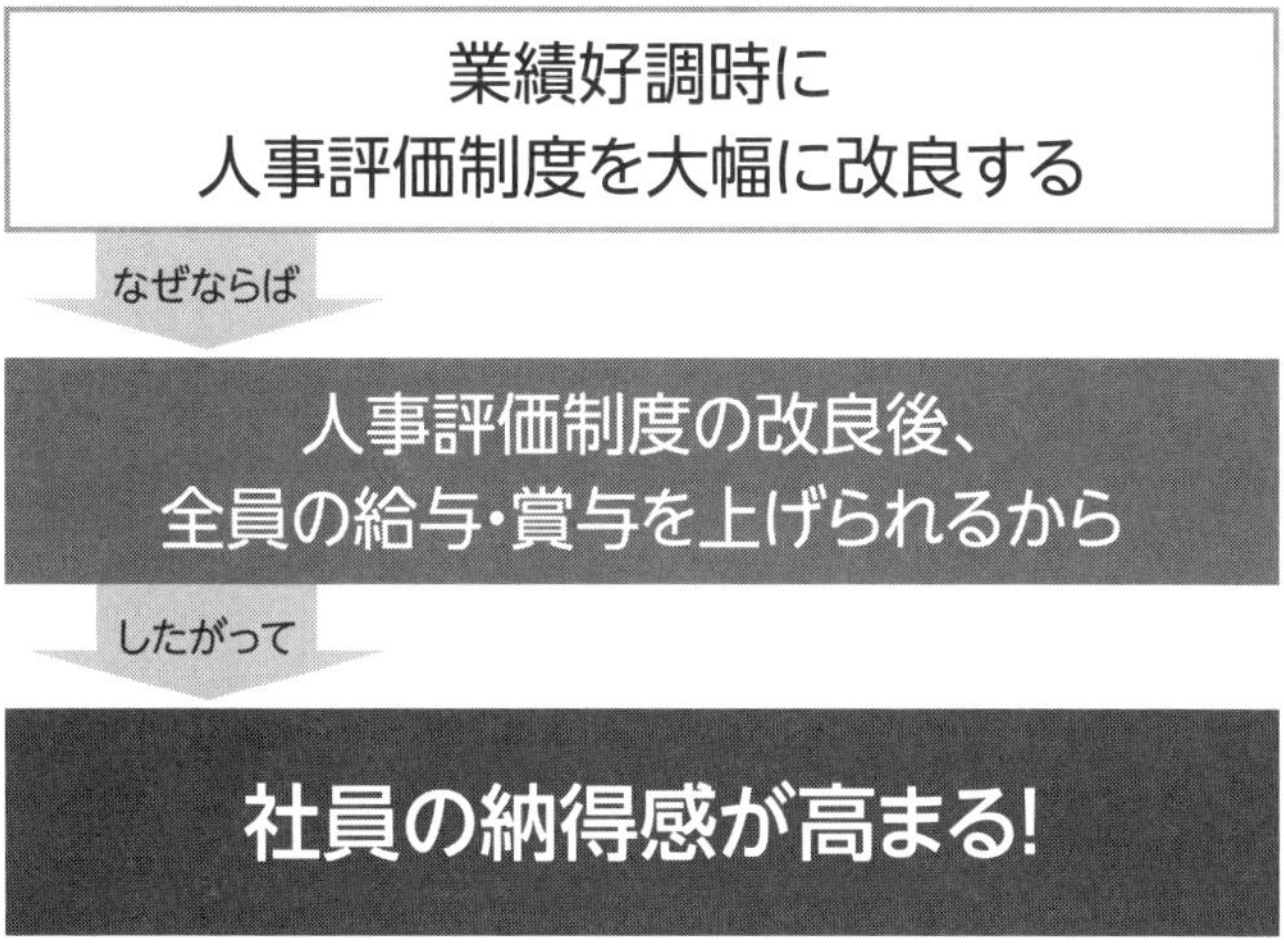
業績好調時に
人事評価制度を大幅に改良する
なぜならば
人事評価制度の改良後、
全員の給与・賞与を上げられるから
したがって
社員の納得感が高まる!

への昇給（3ランクの昇給［月額6000円～1万5000円の昇給］）といった感じで、給与については管理職の意見と社長のあたま評価の併用で決めるのがお勧めです。

ポイント⑤：人事評価制度を大幅に改良するのは業績好調時に

人事評価制度の構築ではなく、大幅な改良の場合にはどのタイミングで行うのがベストでしょうか？　**お勧めは、会社の業績が好調なタイミングです。**

業績が好調であれば、全社員の給料を上げることもできますし、「ベースアップ」も可能です。ベースアップとは、基本給の水準が一律で上がることを指し、略して「ベア」とも呼ばれます。

第1章の③で、通常の人事評価制度の改良では全員の給料を上げることはできないので、真ん中6割の社員の「自分の給料も上がるかも」という期待には原則応えられません、と紹介しました。ただ、会社の業績が好調のときに人事評価制度の改良をすると、真ん中6割の社員のそうした期待に応えることも可能になるのです。

人事評価面談のやり方を少し変えたり、評価者に研修を受けさせるなどの運用面の改善に留まらず、現状の人事評価シートを廃止し、新たな人事評価シートを作成するような大規模な改良は、会社の業績が好調なときにやるとうまくいきやすい、と覚えておきましょう。もちろん、第2章で紹介した17個の誤解・勘違いをしないで改良に取り組むことが大前提となります。

ポイント⑥：運用改善をベースに改良する

すでに人事評価制度を運用しているが、会社の業績は好調ではなく、社員の人事評価への納得感が低いという課題を持っている会社は、どうすればいいでしょうか？

まず、**こういう会社は人事制度の大規模な改革には絶対に踏み出さないでください**。大失敗

3-15 人事評価制度の運用改善のポイント

1	『○○課長には評価されたくない!』と言われるような評価者をなくす
2	四半期に1回・1時間以上の人事評価面談に改善する
3	処遇に合った評価方法を考えて設定する
4	人事評価シートに正確さを求めない
5	評価しやすい人事評価シートに修正する

します。

先ほど紹介した人事評価シートの抜本的なつくり直しのような大幅改良も、やらないほうがいいでしょう。たいていうまくいきません。

お勧めは、運用面の改善です。具体的には**人事評価面談のやり方や人事評価者の変更、人事評価シートの小さな改良など**です。運用面の改善にあたって守るべき手順5つを紹介しておきましょう。

・手順1：部下に「○○課長には評価されたくない！」と言われるような評価者をなくす

・手順2：四半期に1回、1時間以上の人事

評価面談に改善する

- **手順3：処遇に合った評価方法を考え、設定する**
- **手順4：人事評価シートに正確さを求めない**
- **手順5：より評価しやすい人事評価シートに修正する**

それでは、ひとつずつ紹介していきます。

手順1：「〇〇課長には評価されたくない！」と言われるような評価者をなくす

お金と時間をかけて構築・改良した人事評価シートが無力になるセリフが、部下から言われる「〇〇課長には評価されたくない」というセリフです。

当たり前ですが、どのような人事評価シートで評価しようが、部下にこう言われている評価者の評価結果について、部下は納得してくれません。たとえ上司の評価結果が高いものであっても、部下は「実力がない課長に高く評価されても、嬉しくない」などと感じるでしょう。

このようなセリフを部下に吐かれる評価者、すなわち管理職には、評価権限を与えるべきで

3-16　評価者の評価

すべての評価者をチェックし、よくなければ変更

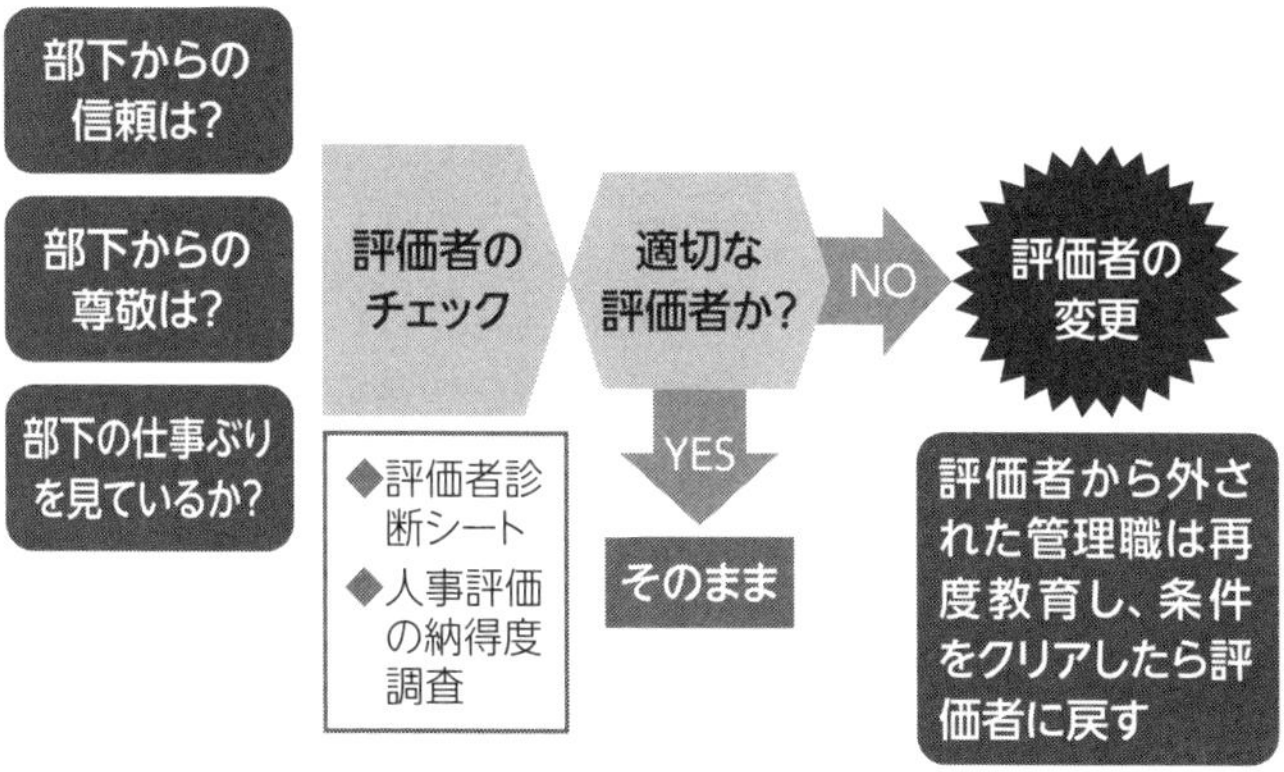
部下からの信頼は?
部下からの尊敬は?
部下の仕事ぶりを見ているか?
評価者のチェック
◆評価者診断シート
◆人事評価の納得度調査
適切な評価者か?
NO
評価者の変更
評価者から外された管理職は再度教育し、条件をクリアしたら評価者に戻す
YES
そのまま

はありません。では、適切な評価者を選定するにはどうすればいいのか？　図3―16をご覧ください。

まずは、評価者のチェックを行います。チェック項目は大きく分けると「**部下からの信頼**」、「**部下からの尊敬**」、「**部下の仕事ぶりの観察**」の3つです。次ページの図3―17「評価者診断シート」を活用し、社長と本人が評価します。可能ならば部下にも評価してもらいましょう。

質問1～3が3つともYESであれば、それは適切な評価者です。しかし、ひとつでもNOがあれば、評価者としては不適切だと判断しましょう。

3-17　評価者診断シート（評価者：社長・本人・部下）

		YES	NO
Q1	全員の部下から信頼されていますか？		
Q2	全員の部下から尊敬されていますか？		
Q3	個人で成果を出す力がありますか？		
Q4	メンバー全員の日頃の仕事ぶりをしっかり見て記録してますか？		
Q5	人事評価シートをつけるときに適切に評価していますか？（直近だけで評価しない・甘すぎない・辛すぎない・自分と比較しない等）		

NOがついた評価者は、質問1がNOだった場合にはより詳しく検証するようにします。図3―18「部下からの信頼度診断シート」を活用し、部下評価を実施してください。

またその際には、管理職のイラつき・落ち込み・部下への八つ当たりやパワハラの発生などを防ぐために、管理職全員を対象に検証を実施し、評価は実名で行いますが評価結果の提出先は社長とし、管理職へのフィードバックも社長から実施する、と気を配ったほうが安全です。

ただし、管理職がメンタル的に強い会社の場合には、管理職本人に部下評価を集めさせ、社長を含めた管理職全員で評価結果を検証するようにしても問題ないかもしれません。

3-18　部下からの信頼度診断シート（評価者：社長・本人・部下）

		ついついやってしまうかも	気をつけないとやってしまう	絶対やらない自信がある
Q1	部下の悪口、陰口を言ってしまう			
Q2	自分の間違いを部下に認めない			
Q3	部下に嘘をついてしまう			
Q4	特定の部下をえこひいきしてしまう			
Q5	言うこととやることがちがう（言行不一致）			
Q6	部下のせいにする			
Q7	部下の手柄を横取りする			
Q8	トラブル時に逃げてしまう			
Q9	差別的な発言をする			
Q10	部下との秘密を言ってしまう			
Q11	部下との約束を忘れてしまう			
Q12	若い頃の自分と部下を比較し怒ってしまう			
Q13	部下の話を最後まで聴かない			
Q14	恩着せがましい			
Q15	部下の目を見て話さない			
Q16	社会規範、行動指針、社内ルールを守らない			
Q17	上司と部下で態度を変えてしまう			
Q18	部下に愚痴、不平、不満を言ってしまう			
Q19	知らないことを「知らない」と部下に言えない			
Q20	部下に威張ってしまう			

この部下評価の検証でもNOだった場合には、速やかに該当の上司を評価者から外します。その後、社長が個別指導して改善できたら、速やかに評価者に戻します。

評価者がいなくなった部門の部下社員については、上司の上司が一時的に評価者となります。評価に必要な部下の情報は、外された評価者に報告させるようにすればOKです。

質問2がNOだった場合には、質問3の結果も併せて判断しましょう。

質問3もNOであれば、評価者から外します。そして、個人で成果を出せる実力がついたら評価者に戻します。

質問3のほうはYESであれば、社長がその部門の部下の意見をじっくり聴いて判断します。何か特殊な事情があるかもしれないからです。たとえば、上司は個人で成果を出しているが、成果の出し方がおかしく部下からの尊敬を得られていない、などの事情が想定されます。

そして質問4がNOの場合には、適切に部下を評価できないリスクがあるので、これは社長が個別指導をしてください。

3-19　査定は毎日

査定は毎日!

サラリーマン社会の管理職のみなさんにも部下の査定というものを、ここで思い返していただければよいと思う。
たとえばセールスマンのように具体的な数字が出て、客観的にも成果を把握できるような仕事であればいいが、ほとんどの仕事はその勤務内容と結果とを採点評価することが難しい職種、職域のように思う。しかしそれだけに**毎日毎日、きちんと評価づけ、正確に、的を射た評価づけを積み重ねていかないと部下がかわいそう**ではないか。
毎日査定を行なうことが、仕事上スケジュールの上で無理ならば、週ごとになんらかの方法を講じて採点すべきであって、半年ごと、あるいは一年ごとに、一時期にまとめて採点するのでは正確性や公平性を欠く。(中略)サラリーマン社会でも、プロ野球社会の中でも**査定は毎日――それは部下への思いやりだ。**【『遺言』／川上哲治(文春文庫)より、太字及び下線筆者】

上司には、部下の仕事ぶりを毎日観察し、必要なら日頃からメモ程度の記録をとることも必要です。図3―19に示したのは、巨人軍でV9の功績を残した名監督・川上哲治監督の言葉です。そこにもあるとおり、査定は毎日実施が基本です。

個別指導の際には次ページの図3―20「都度評価シート」を活用し、常に部下を観察し、評価する習慣をつけさせてください。

質問5がNOの場合には、評価者研修の受講をお勧めします。

さらに言えば、人事評価が終わったあとにア

3-20　都度評価シート

都度評価シート (2023年N月N日〜2023年N月N日)						
年月日	分類		何の仕事をしていたのか	具体的な言動	そのときの評価と対応	備考
	おほめ	気づき				

ンケートで部下の納得度を評価する仕組みを導入してもいいでしょう。図3―21「人事評価の納得度調査シート」を活用して実施してください。

　この調査シートの3つの質問で、ひとつでも1が出た場合には要注意です。その評価者には社長の個別指導が必要になります。

　ちなみに「人事評価の納得度調査シート」は、評価者チェックで不適格と判断され、外された社員が、評価者に戻った際の検証にも活用できます。

3-21　人事評価の納得度調査シート

人事評価の納得度調査

質問1 最終評価判定に納得できましたか？
1 納得できない　2 ほぼ納得できた　3 十分納得できた

質問2 上司からのフィードバックに納得できましたか？
1 納得できない　2 ほぼ納得できた　3 十分納得できた

質問3 評価面談を受けることによって仕事に対するモチベーションが向上しましたか？
1 低下した　2 変わらない　3 向上した

コメント

手順2：四半期に1回・1時間以上の人事評価面談に改善する

部下の人事評価に対する納得度が低い場合には、評価者の変更に加え、評価面談の改善が有効です。大きなポイントは、次ページの図3―22にもあるとおり「四半期に1回実施」と「1時間以上の実施」です（詳細➡2章⑯⑰参照）。

ここでは、お勧めの人事評価面談の進め方を紹介します。

まず、人事評価面談の呼び方を変更してはどうでしょうか？　たとえば「おほめ気づきミーティング」はいかがでしょう？　ちょっとベタすぎるかもしれませんが、「名は体を表す」名称

3-22　四半期に1回・1時間以上の人事評価面談を実施する

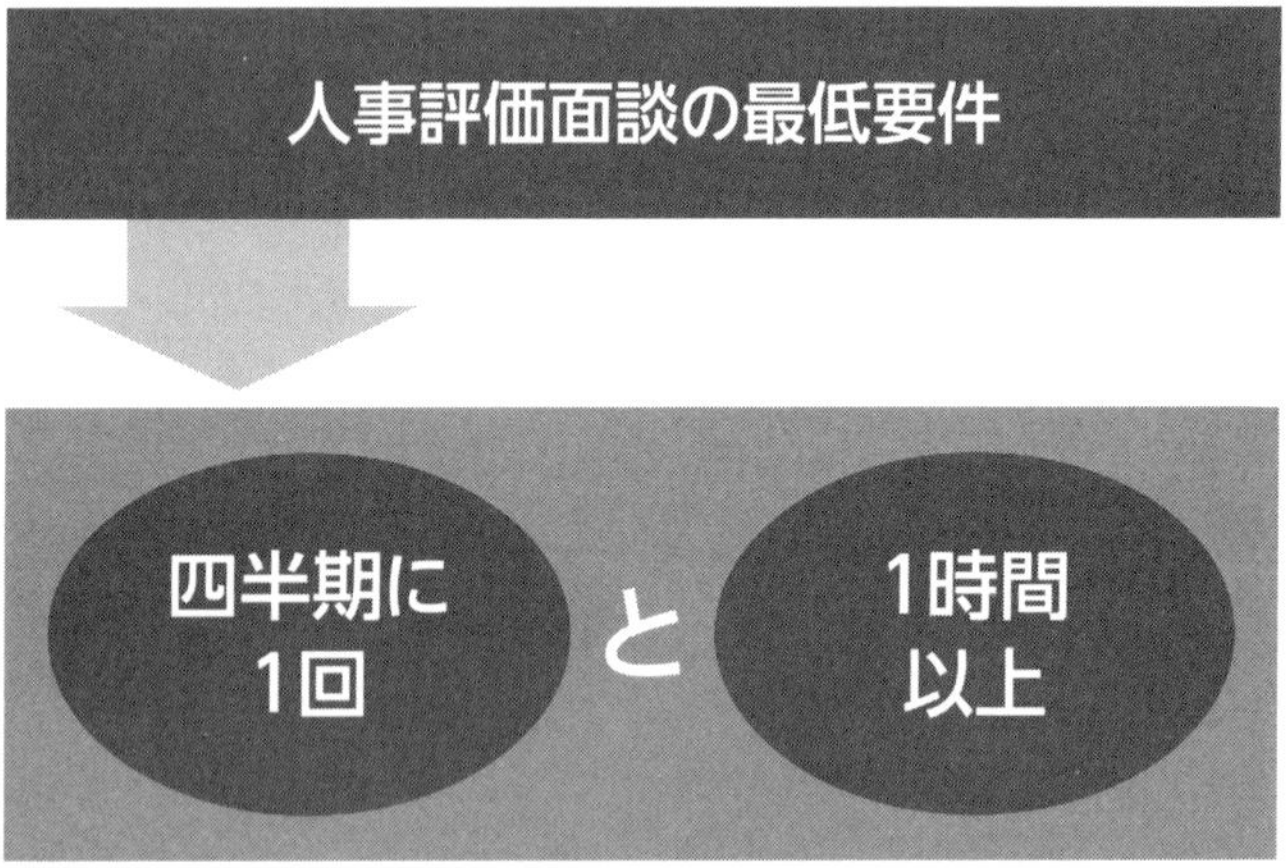

になっています。

すでに述べたように、人事評価面談はほめることからスタートするとスムーズに進みます。また部下も上司の評価結果を聞いてくれ、納得しやすくなります。さらには部下の成長のために気づきを与えることも重要なので、「ほめて、気づきを与える」ということで「おほめ気づきミーティング」です。もちろん、みなさんの会社の風土や文化に合った名前にしてもらって結構です。

引き続き、「おほめ気づきミーティング」の説明をしていきます。図3―23をご覧ください。

ステップ1は、部下の自己評価の説明です。

3-23　人事評価面談（おほめ気づきミーティング）の手順例

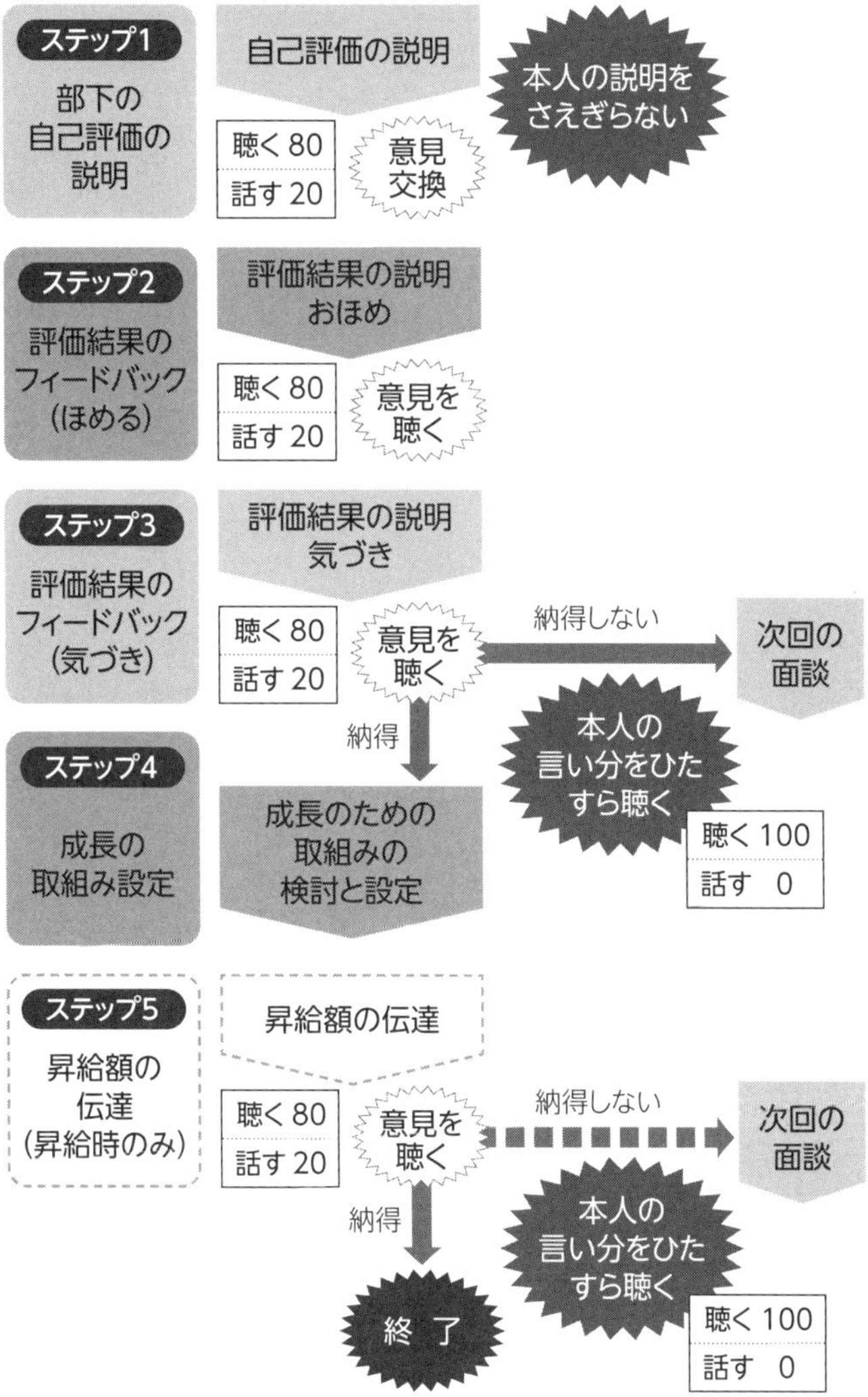

部下の説明を遮らずに最後まで聴くことが極めて重要です。特に部下の自己評価が上司評価より高い場合には、何か言いたくなっても我慢してください。

上司が無用の指摘をしたら、部下は説明したくなくなります。その後の上司による評価結果の説明も聞いてもらえません。そのため、まずは部下の話を聴き、何か質問したければ部下の話を最後まで聴いたあとにしましょう。

さらに、そのときには部下の自己評価が高いことを指摘したり、叱ったりしないように気をつけてください。そうではなく、質問をしましょう。それも「なんで?」ではなく「どうして?」と聴いてください。

上司から「なんで?」と聞かれると、部下は上司に叱られていると感じてしまいます。「なんで勉強しないの?」「なんで人参食べないの?」「なんで部屋を片づけないの?」……子供だって、親からこう質問されたら叱られていると感じるでしょう。部下も「なんで?」と聞かれると上司から叱られていると感じてしまうので、常に「どうして?」と聞くようにします。「どうして、XXについては5点をつけたのですか?」などと質問することで、部下が自身に高い評価を下した理由をじっくり聴けるでしょう。

3-24　なんで……なの?

『なんで勉強しないの?』、『なんで人参食べないの?』
『なんで部屋を片づけないの?』

↓ このセリフ

小さい頃から親に叱られるときに言われる!

↓ だから

上司から『なんで……?』と聞かれると
上司に叱られてると感じてしまう!

上司が部下の主張や意見を聴いて、部下の評価基準や判断を理解できれば、それでOKです。必ずしも同意できなくてもかまいません。

部下の気持ちや考え方を理解できなかった場合には、さらに質問することで部下の考え方や評価の仕方を理解する努力をしましょう。

いずれにせよ、この段階で部下の高すぎる評価結果を訂正させる必要はありません。あくまでも、部下がそう評価した理由の理解に徹してください。

人事評価面談でのステップ2は、上司による評価結果の部下本人へのフィードバック（おほめ）です。ただし。名前のとおり部下をほめる

3-25　評価面談での質問は『なんで（なぜ）？』でなく『どうして？』

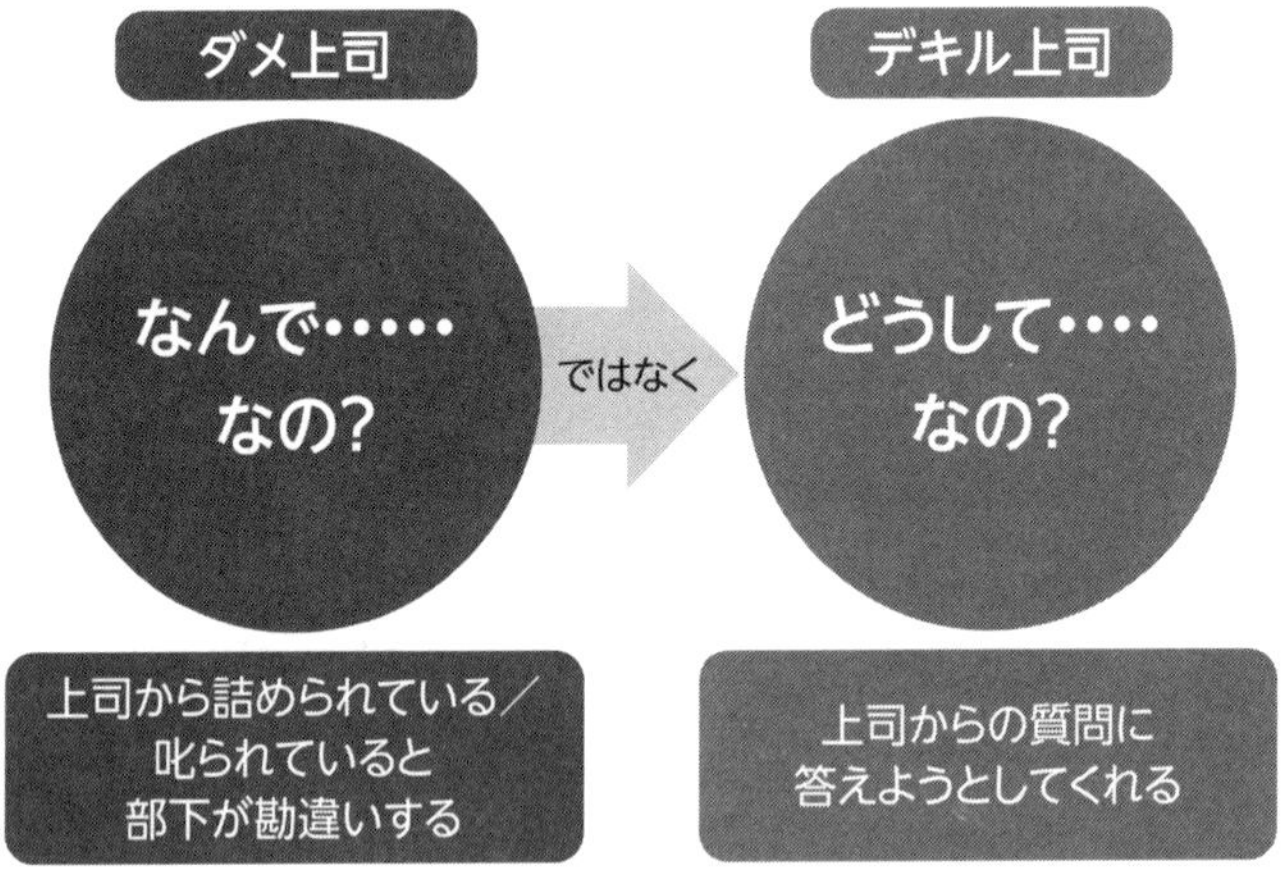

ことから始めてください。その際には、第2章⑰で紹介した「おほめ気づきレター」も活用できます。

まずは、過去3ヵ月間の部下の仕事に対する感謝の伝達と、総合的な「おほめ」を伝えます。

次に、人事評価シートがある会社では、部下より上司のほうが評価が高い項目について、そのように評価した理由とともに本人に伝えます。人事評価シートがない会社では、「おほめ気づきレター」にある「部下の強み」を伝えます。ひとつずつ、どうして強みだと思っているのか、強みを発揮している具体的なケースを伝えましょう。

そして最後に、「3ヵ月前と現在とを比較して

3-26　おほめ気づきレター

おほめ気づきレター　【2023年4月〜6月】

【おほめ】

1. 3ヵ月間の感謝と総合的なおほめ

感謝と
総合的なおほめ

2. ○○さんの強み（第N四半期に把握できた強み）

本人の強みの伝達
（四半期ごとに追加）

3. この3ヵ月で成長したこと

3ヵ月で成長したこと

【気づき】

4. さらなる成長に向けての気づき

本人への気づき

成長したこと」を伝えます。

人事評価シートがある場合には4種類の「おほめ」を、ない会社の場合でも3種類の「おほめ」を部下に伝えるようにします。そうすることで部下は喜び、ポジティブなフィードバックに満足してくれます。部下の心の扉が開き、続いて自分への厳しい評価も聞くことができるメンタルな準備ができます。


ステップ3で、いよいよ部下の成長のために「上司の気づき」を伝えます。

人事評価シートがある会社では、部下よりも上司のほうが評価が低い項目を、ひとつずつ、そのように評価した理由とともに部下に伝えます。

ここで気をつけるべきは、**部下からの指摘や質問を受け止め、丁寧に回答してあげる**ことです。「なんで課長は3点なんですか？　私は4点だと思いますが……」とか、「課長の評価は厳しすぎませんか？」といった、上司がイラっとしやすい指摘や質問が出てくる可能性もあります。そこで、「何言ってんだ!?　仕事もできないくせに、偉そうなことを言うんじゃない！」などと怒っては絶対にいけません。「そうですか、○○さんは私の評価に違和感がありますか？

では、もう少し○○さんの話を聞かせてください」などとソフトな対応をするように心がけましょう。

何回かやりとりしても、それでも部下が納得していないようであれば、翌週にもう一度評価面談を行います。その際のコツは第2章⑰でも解説したので繰り返しませんが、しっかりと「成長のための気づき」を部下が受け止めてくれたなら、次のステップに移ります。

ステップ4では、成長のための気づき、すなわち部下の課題を解決するために、実行計画を作成します。

部下の意見も聴きながら、部下がさらに成長していくためには業務で何を実行していけばいいのかを話し合い、具体的な行動計画を決めていきます。

そして最後のステップ5で、具体的な昇給額を伝えます。ただしこのステップは、昇給を伝える人事評価面談のときだけ実行してください。年に1回の昇給であれば、4回目の評価面談のときだけ、ということです。

部下の自己評価をじっくりと聴いてあげ、上司から3種類、または4種類の「おほめ」を伝え、部下の成長のための課題（気づき）も伝えて、その解決策をともに考え、具体策に落とし込みます。

四半期に1回なので、年に4回は時間をかけてこのような人事評価面談を実行していけば、たとえ昇給額が部下の期待どおりではなくても、部下が受け止めてくれる可能性が高いでしょう。万が一、昇給額に対して部下が納得していないようであれば、さらに翌週にもう一度評価面談をしてフォローします。

手順3：処遇に合った評価方法を考え、設定する

人事評価におけるポジティブな処遇には、主に昇給、賞与支給、昇格、昇進の4つがあります。これらについて、現状の処遇別の評価方法に課題があれば、それを変更しましょう。

先に紹介した給与と賞与の評価に対する社長の基本的な考え方をベースに、処遇別に現状の評価方法が適切かどうかを判断し、必要であれば評価方法を変更するだけです。

たとえば、給与と賞与についての社長の考え方が「（固定賞与を含む）給与は将来の貢献で決

3-27　処遇に合った評価方法の例

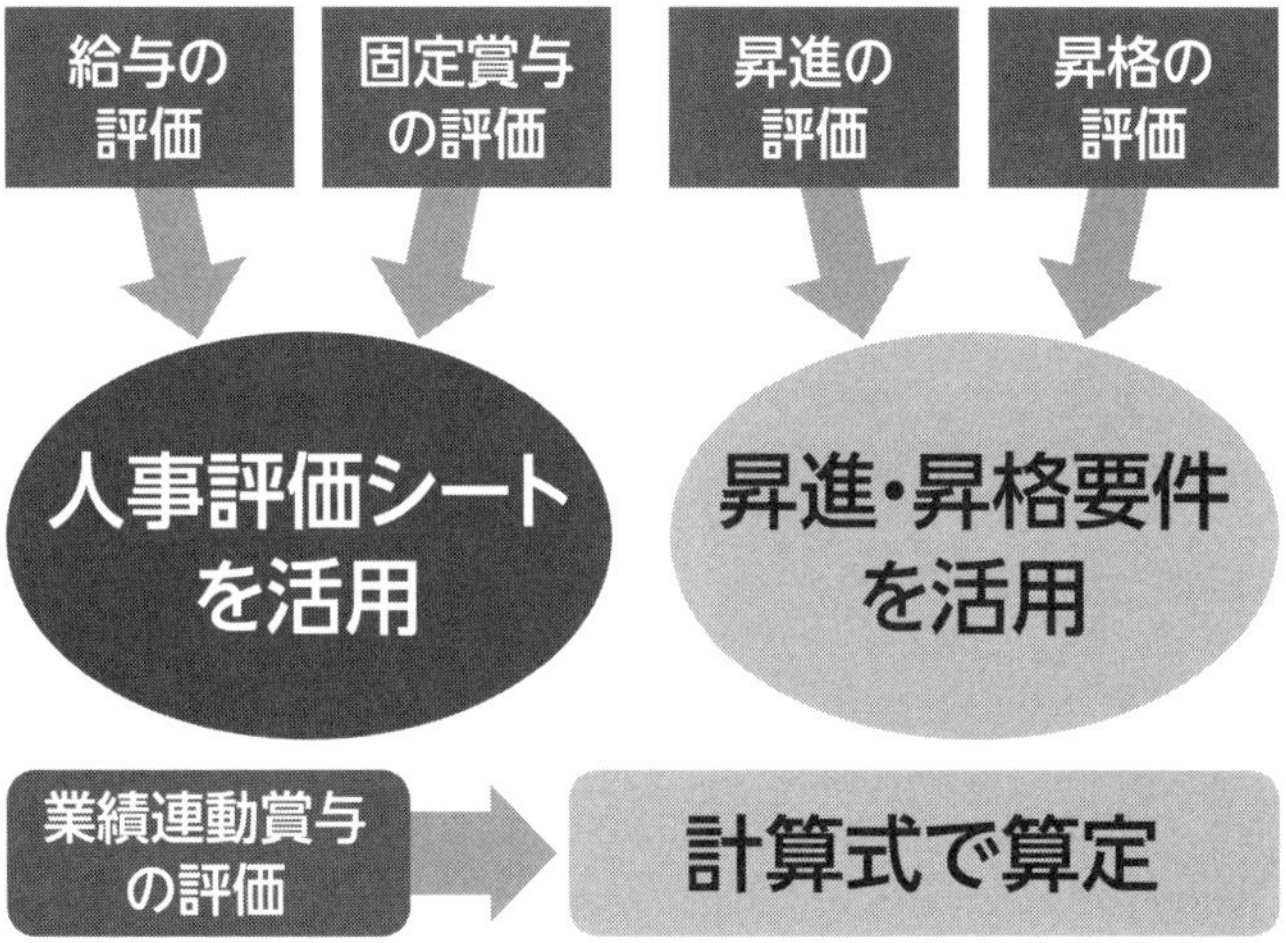

め、過去の成果の清算は業績連動賞与で行う」という考え方だったとします。このとき、現状は人事評価シートで給与と賞与の評価をしていたとすれば、（固定賞与を含む）給与には現状の人事評価シートをそのまま活用し続け、一方で業績連動賞与の仕組みや計算式を新たに設けて、それらにしたがって計算して賞与金額を決める方法に変更する、といった対応です。

処遇別の評価方法例については、図3—27および次ページの図3—28にも示しておきますから参考にしてください。

手順4：人事評価シートに正確さを求めない

人事評価シートを運用しながら、評価者がよ

3-28　昇給・賞与・昇進・昇格の評価例

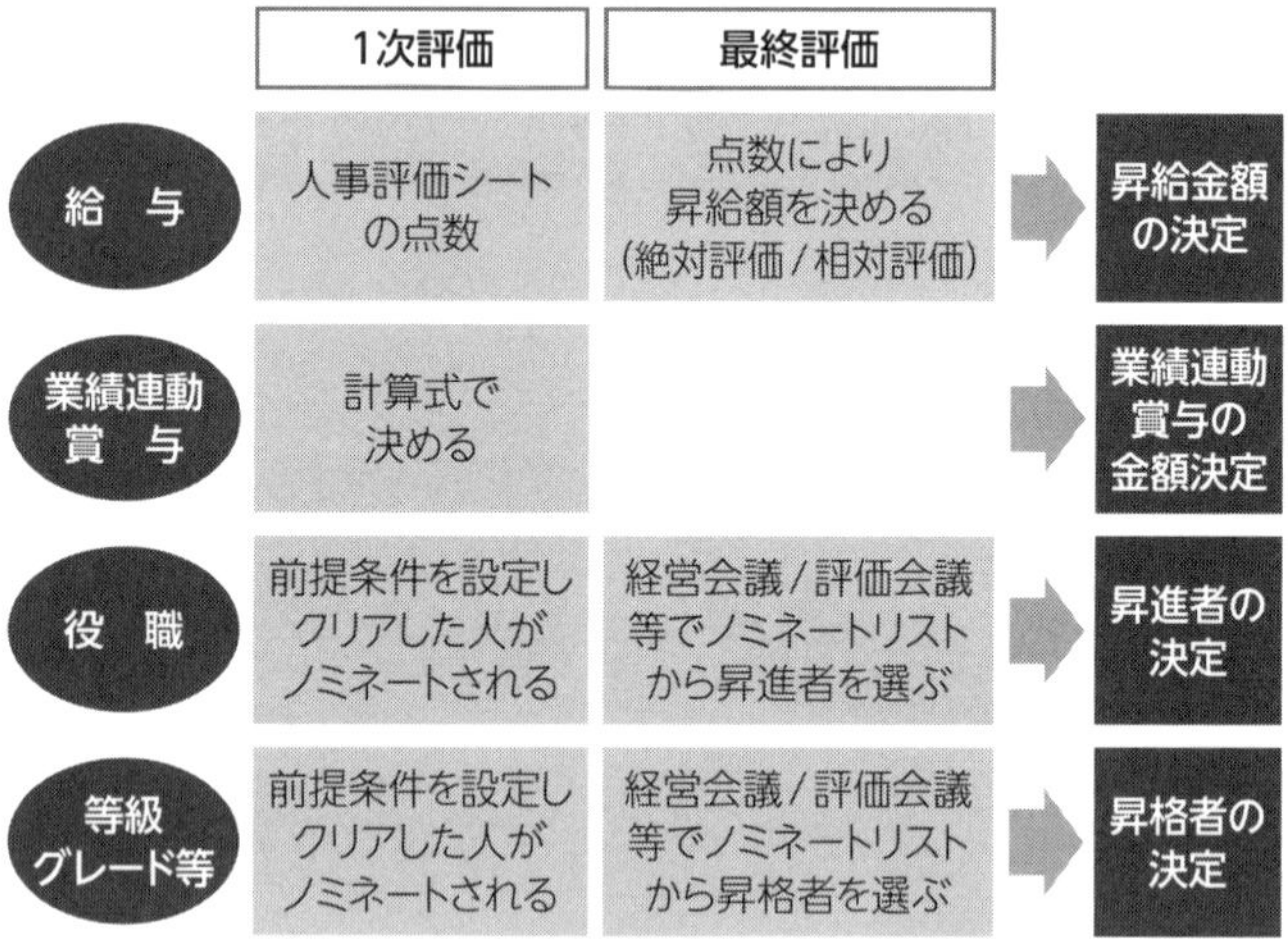

	1次評価	最終評価	
給　与	人事評価シートの点数	点数により昇給額を決める（絶対評価／相対評価）	昇給金額の決定
業績連動賞　与	計算式で決める		業績連動賞与の金額決定
役　職	前提条件を設定しクリアした人がノミネートされる	経営会議／評価会議等でノミネートリストから昇進者を選ぶ	昇進者の決定
等級グレード等	前提条件を設定しクリアした人がノミネートされる	経営会議／評価会議等でノミネートリストから昇格者を選ぶ	昇格者の決定

り使いやすい人事評価シートに少しずつ改善していくことも有意義ですが、この作業にあたっては「正確さ」を追求しすぎないようにも気をつけてください。

人事評価シートを詳細につくり込めばつくり込むほど、より多くのデメリットが生じるからです。第1章②でも紹介したように、1人の人間の能力や働きぶり、成果などを正確に評価することなど誰にもできません。そこに正確さを求めても意味がないのです。

できないことを求めれば無理が生じ、かえって不利益が生じますので、細かい性格の方は特にご注意ください。

3-29　人事評価シートに正確さを求めない

評価シートは社員を評価し給与・賞与を決める道具

しかし…

1人の人間の能力／働きぶり／パフォーマンスを正確に評価することなどできない!

だから…

人事評価制度の「正確さ」を追求し、詳細につくり込めばつくり込むほどデメリットが生じる!
⇒ 最低限の納得感と公平感でよい

手順5：より評価しやすい人事評価シートに修正する

当たり前ですが、評価者と部下が使いにくい人事評価シートであれば、評価の作業に時間がかかったり、評価誤差が生じて上司との評価面談で余計な意見交換をする時間が発生してしまいます。そうならないためにも、毎回の評価のあとにシートの書式についても振り返りを行い、細かい改善を継続するようにしましょう。

図3―30に、シートが使いにくく、適切な評価をしにくくなる3大パターンを示します。

・5段階評価（S・A・B・C・Dや1・2・3・4・5）

3-30　評価しやすい人事評価シートに修正する

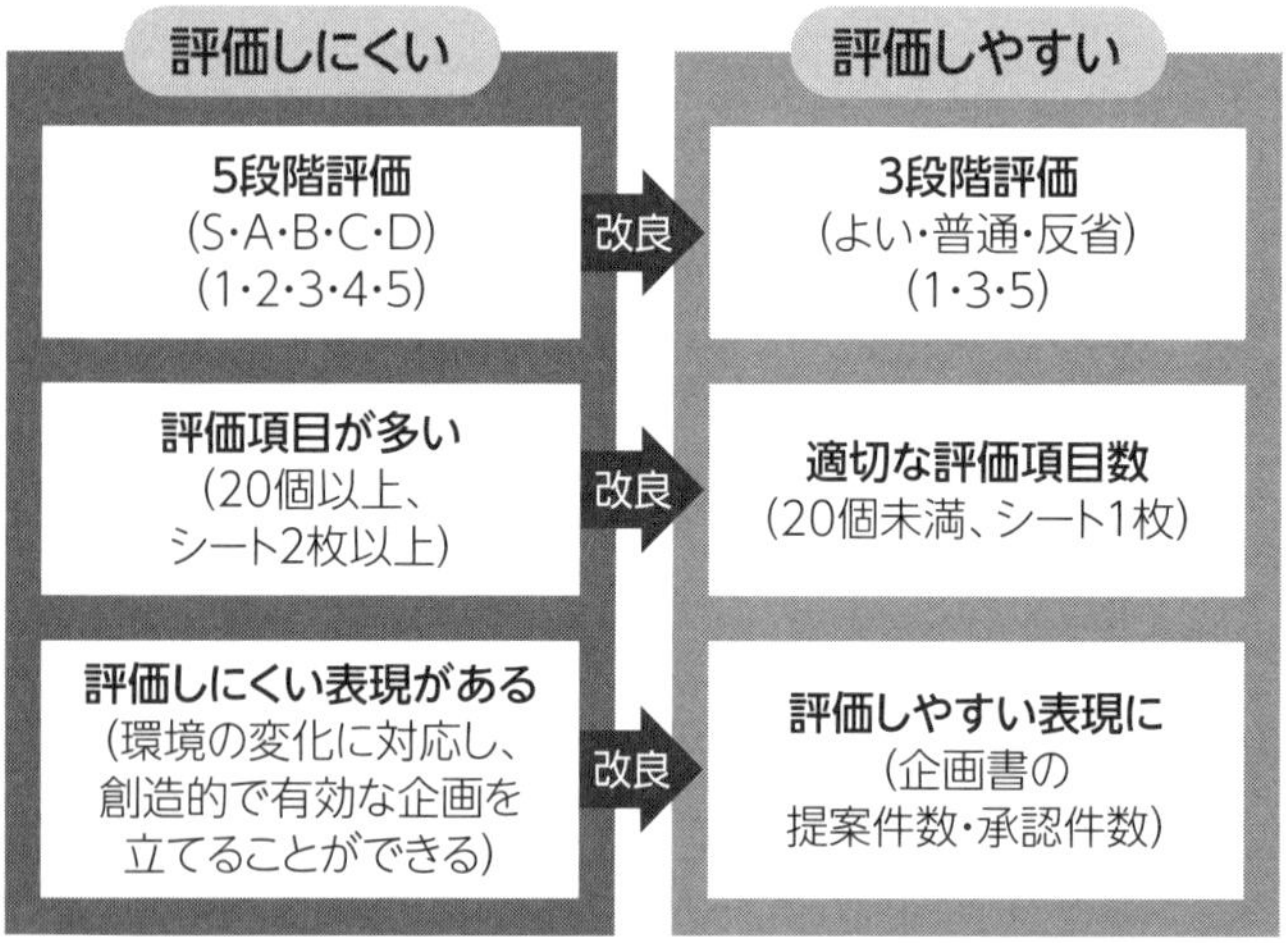

- **評価項目が多すぎる（20個以上、シートが2枚以上）**
- **評価しにくい表現がある**

ひとつずつ説明します。まず5段階評価については、第2章の⑩でも紹介しました。多くの会社の人事評価シートは、圧倒的に5段階評価を採用しています。社員が３００人以上いる中堅企業や大企業であれば、差をつくるために5段階評価にしたほうがよい場合もあるでしょう。しかし、中小企業やベンチャー企業の場合は3段階評価でも十分に社員間に差をつけられます。安心して3段階評価に移行してください。

さらに言うと、5段階評価だと評価誤差が発生しやすくなります。評価が厳しい人は2に、評価が甘い人は4に、無難に評価したい人は3に偏りがちです。そうすると、評価面談で「なんで○○くんは4にしたの？　私の評価は3だぞ！」などといった形で不毛な議論をしなくてはならないケースが増えます。

これが3段階なら、上司も部下もたいていは3点または△をつけるので、有意義な評価面談ができる可能性が高くなります。

これからは、「1・3・5」か「○・△・×」の3段階評価にしましょう。

次に、評価項目の多さです。人がストレスを感じず評価結果を記入できるのは、20個くらいまででしょう。さらに言えば、枚数も1枚までです。

評価項目が多くなると、集中力が欠け、真剣に評価しなくなる危険性もあります。

人事評価シートの評価項目が20個以上、またはシートが2枚以上ある場合には、項目またはページ数を減らすようにしてください。

最後に、評価しにくい表現の改善です。次ページの図3―31に例示した「環境の変化に対応

3-31　評価しやすい表現例（1／2）

評価しにくい表現	評価しやすい表現
①環境の変化に対応し創造的で有効な企画を立てることができる	①企画書の提案3件以上／半年 企画書の採用1件以上／年
②職務遂行のために効果的で的確な対応方法を選択できる	②5回のうち3回以上は自分で決断でき、1回以上は決断が成功する
③部下に適切なアドバイスをし能力を向上させることができる	③自分1人でXXできる部下を、5人以上育成できる
④就業規則や服務規律に定められた職場のルールを遵守し、職場秩序の維持・向上に努めている	④遅刻2回／年まで、無断欠勤1回まで／年、資料提出忘れ1回まで／年（いずれも減点評価）
⑤職務に対する責任を自覚し、最後までやり遂げようとしている	⑤どんなに辛い仕事でも途中であきらめない

改良

し、創造的で有効な企画を立てることができる」、さて、この表現はいかがでしょうか？　みなさんなら的確に評価できますか？「創造的で有効な企画ってなんだろう？」となりませんか？

このように、人によってバラバラの解釈ができる表現があると、先ほども示したような不毛な人事評価面談になりがちです。

同じく、図3―31の右側の表現「企画書の提案3件以上／半年・採用1件以上／年」ならどうでしょう？　これならば、記録さえ正確であれば誰が評価しても同じ評価結果になります。

このように、自社の人事評価シートに評価しにくい表現があれば、常に見直して改善するようにしてください。

なお、評価しやすい表現に変えるコツは次の4つです。

- **定量的な表現に変える**
- **具体的な表現に変える**
- **小学生でもわかる表現に変える**
- **セリフを入れる**

3-32　評価しやすい表現に変えるポイント

評価しやすい表現に変えるポイント

❶ 定量的な表現に変える

❷ 具体的な表現に変える

❸ 小学生でもわかる表現に変える

❹ セリフを入れる

❺ 上記①から④で変えられない場合は評価項目から削除

定量的な表現に変えるのは、イメージが湧きやすいでしょう。先ほどの「企画書の提案件数・承認件数」もその一例です。

具体的な表現もイメージが湧きやすいでしょうが、どのような表現に変えればいいのか少し悩むかもしれません。たとえば、「職務遂行のために効果的で的確な対応方法を選択できる」といった表現では抽象的すぎます。上司と部下の評価差が必ず出そうです。

これを具体的な表現に変えるとすれば、たとえば「5回のうち3回以上は自分で決断でき、1回以上は決断が成功する」――このような表現になります。回数を数字で入れることで、定量的な表現にも併せてできています。参考にしてください。

小学生でもわかる表現については、それくらいやさしい文章表現に変えることでシートがより使いやすくなり、上司と部下の間での評価誤差も出にくくなる、という意味です。

たとえば「職務に対する責任を自覚し、最後までやり遂げようとしている」という表現を小学生でもわかる表現に変えてみるとしたら、「どんなに辛い仕事でも途中であきらめない」という感じでしょうか。この表現のほうが、ずっと評価しやすいはずです。途中であきらめたら評価は×で、あきらめずに頑張ったら評価は○なのですから、わかりやすいですよね。

最後に、セリフを入れると評価しやすくなりますし、表現も変えやすくなります。たとえば「仕事に取り組む意欲がある」を「『手伝うことはありますか？』と上司や先輩・同僚に言っている」に変えれば、評価しやすくなります。

上司は、部下が「手伝うことはありますか？」と何度言ったかを記録さえしていれば、適切な評価ができるでしょう。これが「取り組む意欲」といった表現だと、解釈の差で上司と部下で揉めそうです。どんどんセリフを入れて、評価しやすい表現に変えていきましょう。

3-33　評価しやすい表現例（2／2）

評価しにくい表現		評価しやすい表現
a.時間管理ができる	改良 →	a.本人責任の納期遅れが0である
b.お客様との調整ができる	改良 →	b.お客様からのリピート1件以上
c.仕事に取り組む意欲がある	改良 →	c.『手伝うことありますか?』と上司や先輩・同僚に言っている

ここまでの説明で、シートの評価項目をより評価しやすい表現に変更するにはどうすればいいのか、イメージが湧いてきたでしょう。

人事評価シートは社内だけで活用します。社外の方に見せる必要はないので、丁寧で美しい表現にする必要はまったくありません。美しい表現よりも、社員がより評価しやすい表現のほうがメリットが多いです。

他の表現の変更例を図3―33に示しておきますので、こちらも参考にしてください。

このように評価者・評価面談・人事評価シートをそれぞれ改善することで、現状の人事評価制度を改良することができ、それによって社員の納得感が高まります。

4 人事評価制度導入時の5つのポイント

何事もはじめが肝心です

社長が人事評価に対して適切な認識を持ち、成功ポイントを踏まえつつ人事評価制度の構築や改良をしたら、いよいよ完成した人事評価制度のお披露目です。ここでは、人事評価制度導入時の５つのポイントを紹介します。

- **人事評価制度の説明会は2回実施する**
- **導入時、社員に過度な期待を持たせない**
- **人事部長・管理部長でなく、社長自身が構築や改良で意図したことを語る**

3-34　人事評価制度導入時のポイント

1	人事評価制度の説明会は2回実施する
2	導入時、社員に過度な期待を持たせない
3	人事部長・管理部長でなく、 社長が構築・改良の“こころ”を語る
4	現状の制度がどう変わるのかを わかりやすく説明する
5	評価前・評価面談前に評価者に研修をする

- **現状の制度がどう変わるのかをわかりやすく説明する**
- **評価前と評価面談前に評価者に研修をする**

人事評価制度の説明会は2回実施する

ひとつ目の人事評価制度の説明会については、導入1ヵ月から2ヵ月前に一度だけ実施する会社が多いようです。

悪くはないのですが、導入後、最初の人事評価の時期が早くても3ヵ月か半年後となるので、実際に評価する頃にはほぼ全員が忘れてしまっています。

そこで、**説明会の2回開催**を提案します。2回目は評価する直前、2週間くらい前がお勧めです。上司も社員も、真剣に聴いてくれるでしょう。

導入時、社員に過度な期待を持たせない

1回目の説明会では、社長が「人事評価の納得感を高めるために、人事評価制度を変えます！」とか「頑張った人が報いられるような人事評価制度に変えます！」といった大仰なメッセージを発信しないように気をつけましょう。

お金と時間をかけて構築・改良した人事評価制度であればあるほど、その効果を期待して熱いメッセージを語りたくなりますが、社長、我慢してください。ビジョンや新規事業であれば社員を鼓舞し、期待を高めても問題ないのですが、**人事評価制度については事前の期待値を下げておいたほうがいい**のです。そうしないと、社員は「評価されるかな？　給料が上がるかな？」などと期待してしまいます。

何度も述べていますが、真ん中6割の社員は特に期待しますので、注意が必要です。

社長が語るメッセージは、図3―35に示す「次回の評価面談から時間を変えます」、「次回の評価から、評価者は部長以上にします」といった、余計な期待を抱かせない、実際の改善点だ

3-35　社員への発信の仕方

次回の評価面談から時間を変えます!
次回の評価から評価者は部長以上にします!
そっか、面談時間が変わるのか
課長でなく部長だけが評価者か! よかった!
社長／人事部長

けをさらりと説明する感じのものにしておきましょう。

人事部長・管理部長でなく、社長自身が構築や改良で意図したことを語る

人事評価制度の説明では、細かいことはわからないので人事部長や管理部長に任せている、という社長の考え方も理解できます。ただ、「現状の人事評価制度の課題」、「課題解決の方向性」、「人事評価制度の構築や改良で意図したこと」については、社長が自分の言葉で説明したほうがいいでしょう。

なぜならば、会社で生じるすべての課題は社長の責任だからです。現状の人事評価制度の課

3-36　現行制度と新制度の違い

テーマ		現行制度	改定後
賃金テーブル			
人事評価規程			
人事評価シート			
業績連動賞与規程			

題も、社長の責任の下で発生しています。であるならば、社長自ら課題の説明とお詫びをし、その課題を今後どのように解決していくのか説明する義務があります。

そのあとは、細かい人事評価制度のルールなどを人事部長・管理部長に説明してもらうのはＯＫです。

現状の制度がどう変わるのかをわかりやすく説明する

当たり前のことですが、新たに構築・改良された人事評価制度だけの説明をされても、一般の社員には理解しにくいものです。図3―36に示すように、現行制度と構築・改良後の制度の

3-37 人事評価者研修のプログラム案(3時間研修)

Ⅰ. 人事評価とは

1. 人事評価の目的
2. 人事評価の心構え
3. 部下の納得感を高めるために必要なこと
   - ①適切な評価者
     - ●自己評価
   - ②つけやすい人事評価シート
     - 【ワーク】
     - ●評価済みの人事評価シートを周りの2人に説明し、フィードバックを受ける
   - ③適切な評価面談

Ⅱ. 質疑応答

違いがひと目でわかる資料を作成しておき、それに沿って説明するようにしましょう。

評価前と評価面談前に評価者に研修をする

評価者は、評価前の説明会だけでは十分に理解できませんし、評価誤差も出てしまいます。評価をする2週間〜1ヵ月前にかけて評価者研修を実施したほうが、新評価制度への理解も深まります。

図3―37をご覧ください。3時間で実施する評価者研修のプログラム案を示しています。研修での重要な注意点は、研修前に何人かの部下の評価を記入したうえで研修に参加させることです。

3-38　人事評価面談研修のプログラム案（3時間研修）

Ⅰ. 人事評価とは

1. 人事評価の目的
2. 人事評価の心構え

Ⅱ. 評価面談とは

1. いままでの評価面談の振返り
   - いままでの評価面談を振返り、周りのメンバーと意見交換する（うまくできる／普通にできる／うまくできない／やりたくない）
2. 評価面談のねらい
3. 評価面談の進め方

   【ワーク】
   - 自己評価が高い部下へどのような反応をすればいいのか？
   - ほめる／認める時間を全体の70％以上にするには？

Ⅲ. 質疑応答

そこで周りの参加者と比較して、自分の評価のつけ方が厳しすぎないか、あるいは甘すぎないか確認してもらい、フィードバックをもらって本番の評価に生かしていきます。

同様に、評価面談の2週間～1ヵ月前に評価面談研修をすると、評価面談の進め方もよりうまくなります。

図3―38を見ると、研修で重視するのは、いままでの評価面談を振り返り、参加者と意見交換することで、本番への気づきをもらうことに注力しているのがわかります。加えて研修のワークで「自己評価が高い部下へどのような反応をすればいいのか？」、「ほめる／認める時間を全

体の70％以上にするには？」といった模擬練習を実施するため、効果的な予行演習ができるのです。

以上の5つのポイントを踏まえつつ、人事評価制度の導入をしてください。社長が想いを語り、制度の改善点をしっかり理解してもらえば、社員に過度に期待を持たせないスムーズな人事評価制度の導入ができるでしょう。

5 「この指とまれ経営」の推進

社長の期待を叶えるコツ

本章①で紹介した基本的な進め方を再掲します。

手順1　まず、社長が人事評価制度に対して適切な認識をします
手順2　次に、成功ポイントを外さずに人事評価制度を構築・改良します
手順3　社員に過度な期待をさせず、しっかり理解してもらえるような人事評価制度を導入します

3-39　この指とまれ経営とは（当社の定義）

この指とまれ経営とは

社長の譲れない想いと
考え方に賛同する
社員と社長の全員参加経営

この進め方で人事評価制度を構築・改良していけば、社長の期待どおりで社員もガッカリしない人事評価制度ができ上がるでしょう。ただし、第1章④で紹介したとおり、社長の譲れない想いや考え方であるＭＶＶに賛同しない社員は、どのような人事評価制度を導入しても納得感は高まりません。

そこで、人事評価制度を構築や改良しながら、同時に「**この指とまれ経営**」を社内にゆっくりと推進・浸透させてください。

同じ方向を向いてくれない人とは上手にお別れする

「この指とまれ経営」という言葉は私の造語で

3-40　この指とまれ経営は？

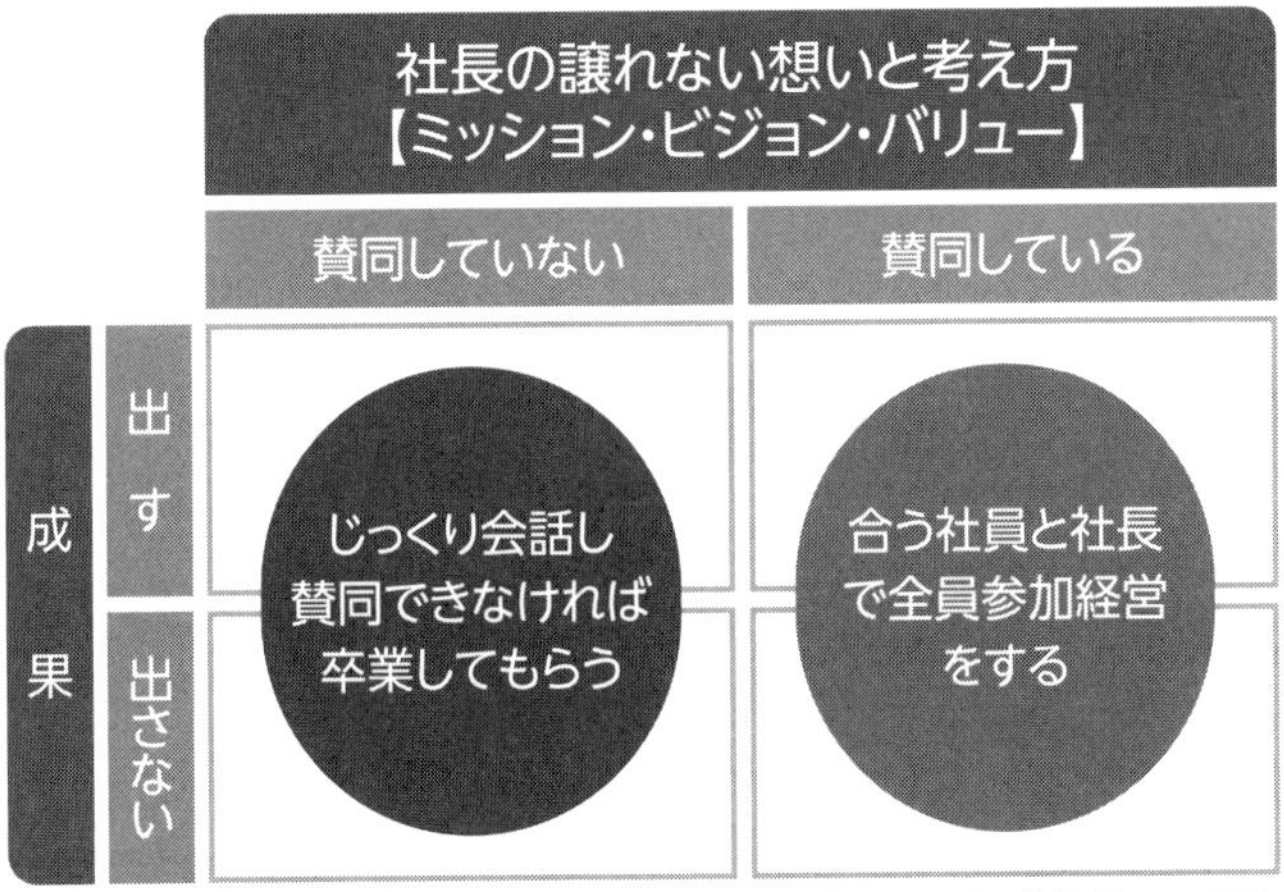

※ミッション：企業理念、ビジョン：目指す姿、バリュー：行動指針・クレド等

す。「**社長の譲れない想いと考え方に賛同する社員と社長の全員参加型経営**」が定義です。

図3—40をご覧ください。マトリクスの上と下は成果を出している／いないです。右と左はMVVに賛同している／いないです。

どの会社にも、この4つのゾーンの管理職・社員がいる可能性があります。「この指とまれ経営」では、社長は右側にいる管理職・社員と一緒に経営をしていきます。

左側の管理職・社員は、考え方が変わりMVVに賛同してくれない限りは、将来的に会社を卒業してもらいます。

もちろん、左側の管理職・社員とはじっくり話をしながら、どうしても賛同できない場合に

3-41　社長の譲れない想いと考え方

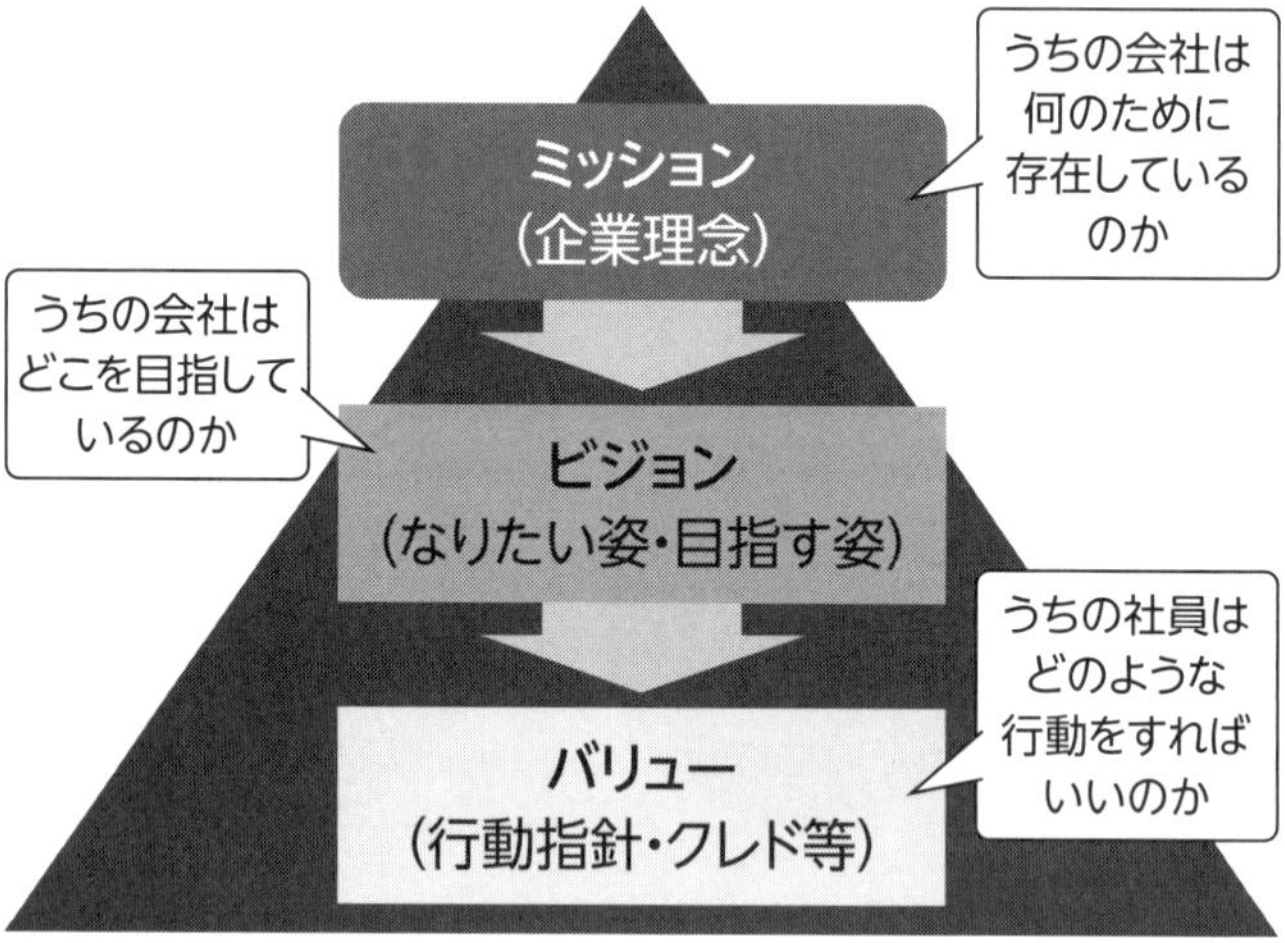
ミッション
(企業理念)
うちの会社は何のために存在しているのか
ビジョン
(なりたい姿・目指す姿)
うちの会社はどこを目指しているのか
バリュー
(行動指針・クレド等)
うちの社員はどのような行動をすればいいのか

だけ、法令に違反しない形で卒業を促します。すぐに卒業してもらったら困るような場合には、卒業しても困らない体制を整備してから卒業してもらいましょう。

ここで、改めてMVVの説明をします。最初のMはミッションです。企業理念、経営理念、社是等と呼んでいる会社もあるでしょう、意味はどれもほぼ同じです。

「我が社は何のために存在しているのか？」この問いに対する社長の答えを言語化したものです。社長の会社の存在意義になります。

2つめのVはビジョンです。「なりたい姿」や「目指す姿」などと呼んでいる会社もあるかもしれません。「うちの会社はどこを目指しているのか」、社長が考える将来（1年後から10年後くらい）の会社の姿を言語化したものです。

3つ目のVはバリューです。行動指針、クレド、ウェイ、フィロソフィーなどと呼んでいる会社もあります。「うちの社員は、どのような考え方や行動をすればいいのか・するべきか」について、社長の考えを言語化したものです。仕事をするうえで譲れない社長の想いと考え方、人柄をよくしたり人格を向上させたりするうえで譲れない社長の想いや考え方などを言語化します。

この指とまれ経営をどのように推進していくかの詳細は、拙著『社長、御社の「経営理念」が会社を潰す！』（中経出版／2012年）にも詳述していますので、ご興味があればそちらもお読み頂ければ幸いです。ここでは、この指とまれ経営の具体的な進め方のポイントを紹介します。

次ページの図3―42をご覧ください。**基本的な進め方は「言語化→共有→浸透→実践」という流れになります。**

3-42　この指とまれ経営の基本的な進め方

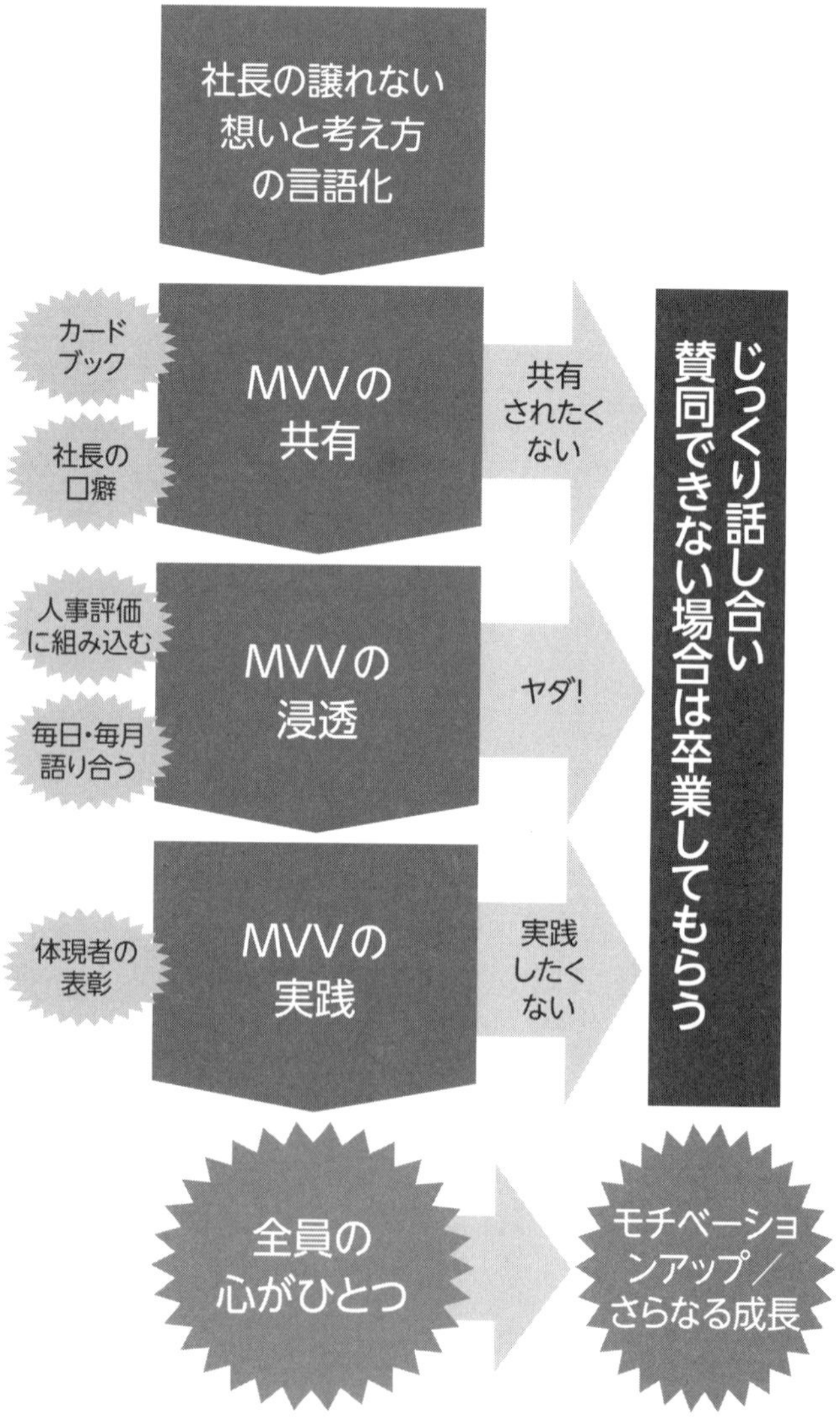

言語化するのが大事

まずはMVVの言語化をします。

すでに言語化している社長は、本当にそのMVVが社長の譲れない想いや考え方なのかを改めて評価し、違和感がある場合には改良してください。

まだ言語化していない社長は、MVVのうち何を言語化するのかを決め、早めにまとめてください。特にミッション／企業理念／存在意義は必ず言語化すべきです。ビジョンと行動指針については、社長が必要性を感じないのであれば、とりあえずは作成しなくてもかまいません。

次に、作成したMVVの共有を行います。社内に共有するためには文書化する必要がありますから、いつでも携帯できるカードと、じっくり読めるカルチャーブック等の資料を作成しましょう。それらの導入時には社長自身が説明会を必ず行ったうえで、日常業務で活用していきます。

説明会では、どうしてこのようなMVVを作成したのか、その意図をじっくりと管理職・社員に語ることが大切です。この段階で、MVVに賛同しない管理職や社員は社長の話に聴く耳を持ちません。

説明会のあとも毎日、何回でもMVVを語ってください。社長の口癖にならない限り、全員には浸透しません。

そして、共有ができたら次は全社員へのMVVの浸透です。

バリュー／行動指針を言語化している会社であれば、毎日、毎月、職場で語り合う仕組みをつくり、実践することで全社員に浸透させていきましょう。

たとえば毎日、職場単位の朝礼でバリュー／行動指針をひとつずつ語り合います。実践できている社員は自慢話を、そうでない社員は反省談を語り合います。

月1回は部門単位でバリュー／行動指針を本気で語り合います。翌月に実践すべきバリュー／行動指針は何なのかみんなで議論し、最後に部門長の回答を聴き、翌月からはそのバリュー／行動指針を中心に実践していきます。

行動指針を人事評価シートに組み込めば、社員はより実践するようになるでしょう。

3-43　この指とまれ経営の社長自身のメリット

社長が迷わずぶれない（経営に魂が入る）
社長の人に関するストレスがなくなる！
社長のモチベーションアップ／キープ！

ここまで徹底して浸透させれば、全社員が実践していきます。半年に1回はバリュー／行動指針をもっとも実践している社員を360度評価（全員での評価）で選び、バリュー／行動指針大賞を与えて全員の前で表彰します。選ばれたナンバーワン社員は誇りを持てますし、みんなのよき見本となっていきます。

このような感じで「この指とまれ経営」を実践していくと、それぞれの段階でMVVに賛同しない管理職・社員が出てきます。

その人たちと何回かじっくり話し合うことで、誤解をしていたから賛同していなかった、社長の気持ちを十分に理解していなかった、考え方が変わったなどの理由で賛同してくれる方以外は、長期的には卒業してもらったほうがいいでしょう。

「この指とまれ経営」を実践することで、人事評価制度をよりうまく運用できるようになりますし、社長にとっての3つのメリットも享受できます。つまり、**社長の経営に魂が入り迷わずぶれない経営ができる。人に関するストレスがなくなる。**そしてその結果、**社長のモチベーションを常に高く維持できる**ようになります。

6 人事評価制度の改良手順

その狙いは人事制度の改良で達成できる?

本章の最後に、人事評価制度の改良手順を紹介しておきます。本章の③で紹介したポイントを実践するときの具体的な手順でもあります。

次ページの図3―44をご覧ください。まずは、人事評価制度の改良の狙いを明確にしてください。その狙いが次の5つであれば、人事評価制度では狙いが実現できないので改良はやめておきましょう。その理由は、第2章でじっくりと説明をしました。

・社員のモチベーションを高める

3-44　人事評価制度改良の推進手順

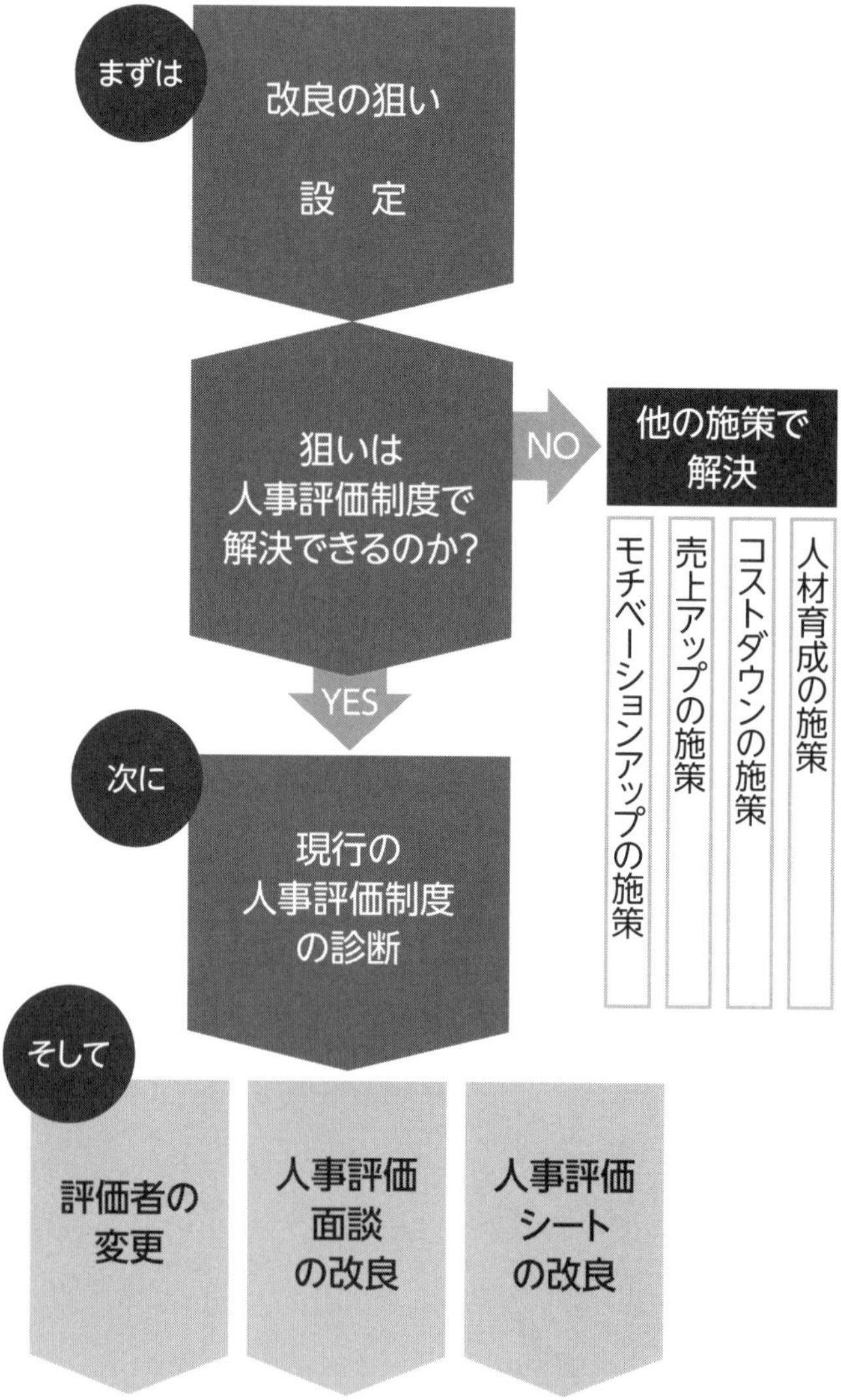

・売上を上げる
・コストダウンをする
・人材を育成する
・社長の思いどおりに社員が動くようにする

一方、「人事評価の納得感が低い」、「人事評価制度で社員のモチベーションが下がっているのを改善する」といった狙いであれば、人事制度の改良で対応できる範囲内ですから具体的に改良を進めます。

いまある制度のチェックから始める

まず行うべきは現行の人事評価制度の診断です。特に評価者、人事評価面談、人事評価シートの3つの診断をします。診断結果でNGが出たら、該当の項目の変更や改善を進めます。

評価者であれば、評価者は部下から信頼・尊敬されているか？――されていなければ、評価者の変更を行います。具体的なやり方は、本章③ですでに述べています。

3-45　人事評価制度の診断

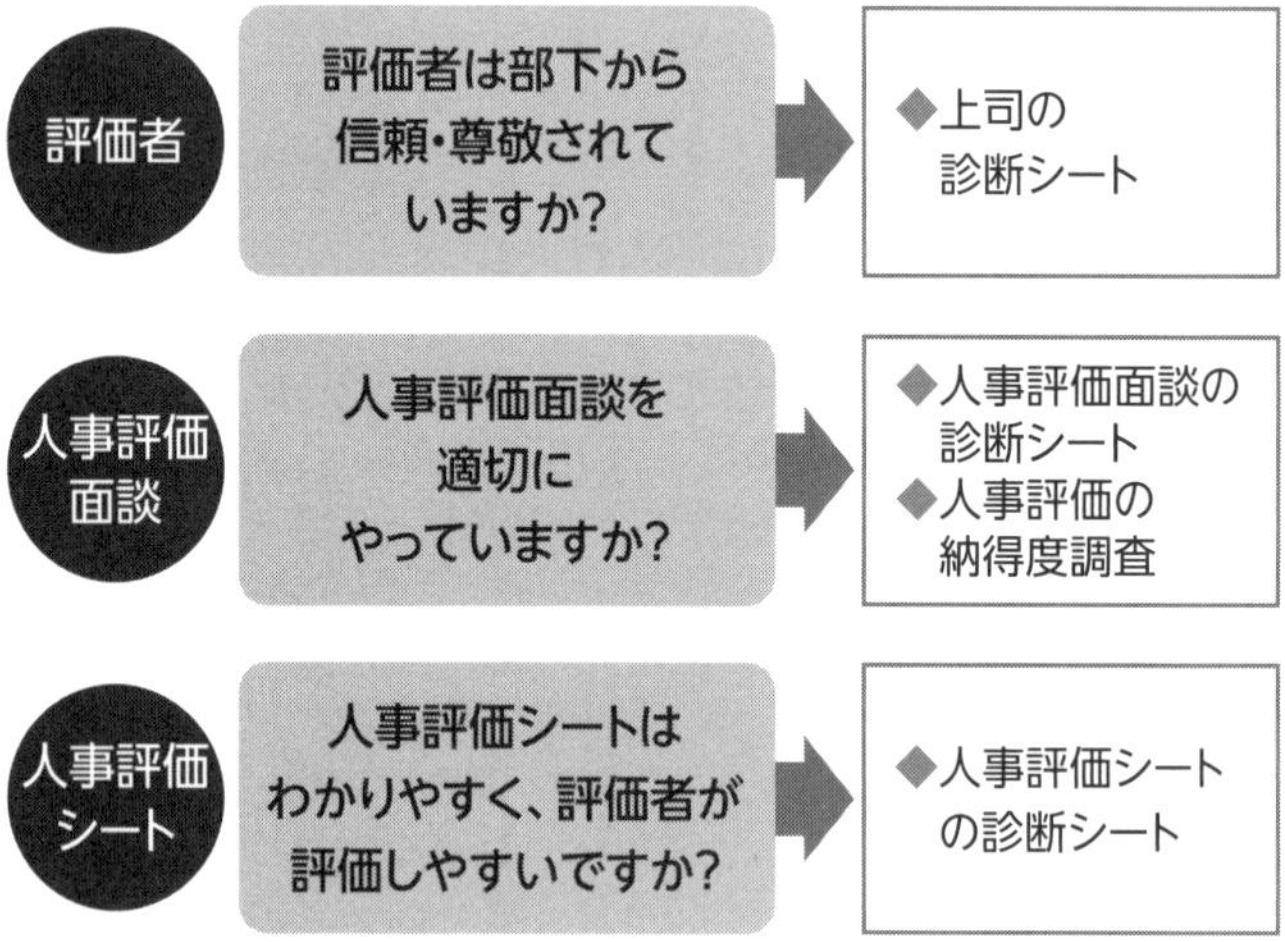
評価者
評価者は部下から信頼・尊敬されていますか?
◆上司の診断シート
人事評価面談
人事評価面談を適切にやっていますか?
◆人事評価面談の診断シート
◆人事評価の納得度調査
人事評価シート
人事評価シートはわかりやすく、評価者が評価しやすいですか?
◆人事評価シートの診断シート

人事評価面談であれば、人事評価面談を適切に行っているかどうかの診断です。図3―46の「人事評価面談の診断シート」を活用して診断してください。

NOだった項目については、改善の必要があります。改善の具体的なやり方についてもすでに述べたとおりです（➡3章③参照）。

そして人事評価シートであれば、図3―47の「人事評価シートの診断シート」を活用し、診断してください。NOだった項目には改善が必要です。こちらも本章③の解説を参考に、必要な改善を実施していきましょう。

3-46　人事評価面談の診断シート

		YES	NO
Q1	人事評価結果を伝えるときに面談していますか?		
Q2	四半期に1回以上面談していますか?		
Q3	他のミーティングのついでではなく、別に場を設け面談していますか?		
Q4	面談は1時間以上実施していますか?		
Q5	評価結果を伝えたあとは聴く：話す=8：2で部下の話を聴いていますか?		
Q6	面談では、部下をほめることからスタートしていますか?		
Q7	面談では、評価結果がどう給与に反映されているか説明していますか?		
Q8	面談では、自己評価とのギャップを伝えながら気づきを与えていますか?		
Q9	本人が納得していない場合は、本人の言い分を十分に聴いていますか?		
Q10	それでも、本人が納得しなかった場合は、再度面談していますか?		

3-47 人事評価シートの診断シート

		YES	NO
Q1	自己評価ができるシートになっているか?		
Q2	定性的な評価は 5段階評価ではなく3段階評価か?		
Q3	評価項目の数は20項目以下か?		
Q4	意味がわかりにくい項目はないか?		
Q5	意味はわかるが具体的でなく 評価点数がつけにくい項目はないか?		
Q6	コメント欄は『ほめること』と『気づき』が 書けるような工夫をしているか?		
Q7	成果評価・能力評価・情意評価等の 重みは適切か?		
Q8	現状の仕事をするうえで 必要な項目は入っているか?		
Q9	これからやっていく仕事をするうえで 必要な項目は入っているか?		
Q10	社長の譲れない想いと考え方(MVV)は 入っているか?		

※ミッション:企業理念、ビジョン:目指す姿、バリュー:行動指針・クレド等

エピローグ

いかがでしたか？

「白潟さん、紹介してもらった考え方で誤解が解け、少しラクになったよ。人事評価シートだけに期待していたらうまくいかないよね。それがわかっただけで悩みも消えたよ！　あとは実践あるのみだね」

あ、そうですか。社長、ありがとうございます。とても嬉しいです。ぜひ実践してみてください。

「白潟さん、提案された人事評価制度の考え方、結構面白いね。早速やってみるよ！　効果が出るといいんだけどね」

えっ！　社長本当ですか。ありがとうございます。ぜひ、やってみてください。きっと効果が出ると思います。

社長の「人事評価制度に対する悩み」は尽きません。ひとつ解決しても、新たな悩みがまた出てきます。
本書でご提案した施策や仕掛けの実践で、社長の「人事評価制度に対する悩み」が解決し、全国385万人の社長の人事評価制度へのストレスがゼロになり、社長のみなさまが元気いっぱいになることを心から願っております。

最後になりましたが、私がこれまでお目にかかった多くの社長のみなさまにお礼を申し上げたいと思います。みなさまから多くの悩みの相談や質問を頂戴できていなければ、この本が世に出ることもなかったでしょう。
そして、編集を担当いただいた菅沼真弘様はじめすばる舎のみなさま、その他本書の刊行に関わってくれたみなさまにも、この場を借りて深く感謝申し上げます。

2023年4月
白潟総合研究所株式会社　代表取締役社長　白潟敏朗

編著者

白潟 敏朗（しらがた　としろう）

白潟総合研究所株式会社　代表取締役社長

1964年、神奈川県三浦半島油壷生まれ、宮崎県宮崎市青島育ち。埼玉大学経済学部経営学科を卒業し、1990年に監査法人トーマツに入社。経営、戦略、業務、IPOのコンサルティングを経験。1998年からISOコンサルティング会社・審査会社の立上げ。2006年にトーマツ・イノベーション設立、代表取締役社長に就任し、7800社のお客様に入会頂いた定額制研修イノベーションクラブで中小企業の人財育成にイノベーションをおこした。2014年10月に独立し白潟総合研究所を設立、2017年にリファラルリクルーティング株式会社、2018年に1on1株式会社を設立、2019年にソーシャルリクルーティング株式会社を設立、2021年にM&Aイノベーション株式会社を設立、現在に至る。

『上司のすごいしかけ』『売上アップのすごいしかけ』『できる上司』『仕事の「５力」』『社長、御社の「経営理念」が会社を潰す！』（中経出版〔現・KADOKAWA〕）、『幹部に言えない社長の悩み解決大全』『知らない人を採ってはいけない』（KADOKAWA）、『できる上司は「なんで？」を言わない』（PHP研究所）、『マンガでわかる　仕事で成長する人が持っているたった5つの仕事力』（講談社）ほか、著書45冊で現在に至る。

facebookアカウント

https://www.facebook.com/toshiro.shiragata

Twitterアカウント

https://twitter.com/t_shiragata

執筆者

取締役　石川 哲也

本部長　畦田 佑登

シニアマネジャー　井上 麻衣、武井 秀樹、内田 舞、永田 圭、吉田 耕太、酒井 健太

【本書の内容についてのお問い合わせ先】

白潟総合研究所株式会社

「中小ベンチャー企業の社長を元気にするために存在する！」という存在意義をかかげ、社長が社長らしく想いどおりに、思いっきり経営できるように支援するファームです。

社長の目が輝いていれば、社長から200%のエネルギーが出ていれば、その経営は必ずうまくいくと考え、中小ベンチャー企業の社長に「自在経営」を支援しています。

本書への感想や、自社で実践するにあたっての質問などをTwitterでご投稿ください！「#人事評価制度17の大間違い」のハッシュタグをつけて投稿して頂けたら、必ずお返事させて頂きます。

公式LINEアカウント：https://lin.ee/QxnIIqW

中小ベンチャー企業を壊す！
人事評価制度 17の大間違い

2023年 4月12日　　第1刷発行

編著者 ── 白潟 敏朗
発行者 ── 徳留 慶太郎
発行所 ── 株式会社すばる舎
〒170-0013　東京都豊島区東池袋3-9-7 東池袋織本ビル
TEL　03-3981-8651（代表）　03-3981-0767（営業部直通）
FAX　03-3981-8638
URL　https://www.subarusya.jp/
装　丁 ── 菊池 祐（ライラック）
本文デザイン・DTP ── 株式会社シーエーシー
編集担当 ── 菅沼 真弘（すばる舎）
印　刷 ── 株式会社光邦

ISBN978-4-7991-1128-4